大阪のスラムと盛り場

近代都市と場所の系譜学

加藤政洋
KATO Masahiro

創元社

大阪のスラムと盛り場◎目次

目次

装丁：上野かおる／編集協力：原章（編集工房レイヴン）

はじめに

　都市と呼ばれる空間、その全体を自らのまなざしのもとに一望することをつうじて、その都市固有の性格が経験されることはあるだろうか。都市は近郊の農山村を乗り越え拡大しつづけた結果、もはや「都市」なるものを「一望」することは通常不可能となり、われわれの都市とのかかわり方はきわめて局所的なものにならざるをえない。つまり、われわれは、都市空間の「断片」とでもいうべきさまざまな場所や街区において「住まう」、「働く」、「遊ぶ」などの行為をつうじて、固有の都市性（たとえば「大阪らしさ」）を経験していると考えられる。

　都市域が拡大し、郊外には画一的な風景が生産されているとはいえ、都市はけっして一価的な場所として存在しているわけではない。日常のなかで、愛着を感じたり、なにかあやふやなイメージや確固たる心象を抱いたり、あるいは既存の意味を読み替えて新たな意味を付与するなど、そうした意味論的な実践の対象として見いだされる街区や場所の特殊性や差異は、都市の全域性を把握することがますます困難になるなかで、その重要性を高めているのではないだろうか。たとえば、都市計画上、幾何学的に連接する「場所」にしても、諸々の関係が交差することによって相互に差異化され、そして同時に重層化しているはずである。ある意味で、都市とはこうした多様な「場所」間の連環を獲得する空間として存立しているのかもしれない。

このように都市を考えてみるとき、稀代の都市思想家として知られるヴァルター・ベンヤミンが『パサージュ論』のなかで記した一文は、興味ぶかいものとなる。

かつてパリがその教会や市場によって規定されたのとまったく同様に、いまや地誌的《トポグラフィッシュ》な観点を一〇倍も一〇〇倍も強調して、このパリをそのパサージュや門や墓地や売春宿や駅……などといったものから組み立ててみること。さらには、殺人と暴動、道路網の血塗られた交差点、ラブホテル、大火事といったこの都市のもっと人目につかない深く隠された相貌から組み立ててみること。

（『パサージュ論Ｉ』岩波書店、一九九三年、一六二頁）

ベンヤミンはここで、さまざまな都市施設に代表される物的な環境や日常生活世界、そして時に日常性に亀裂を入れる祝祭的な場や集合的記憶を喚起する場などを、地理的な想像力によって布置するという都市記述の方法を提示している。

本書は、この一文を導きとして、現在では「ミナミ」として知られる大阪の旧市街地南部の歴史を一八八〇年代（明治中期）～一九二〇年代（大正・昭和初期）のなかで観察し、盛り場、「貧民街」、市場、商店街、遊廓など、さまざまな場所の創出や変容、そしてその消滅を「場所の系譜」としてたどり記述する試みである。「ミナミ」というと、最近ではカフェやブティックなどの路面店が集積して独特の風景をつくりだしている堀江や南船場も含めて呼ばれることもあるが、かつて織田作之助が「南というのは、大阪の人がよく『南へ行く』というその南のことで、心斎橋筋、戎橋筋、道頓堀、千日前界隈をひっくるめていう」と指摘した「南」とその周辺が本書の舞台となる（図1）。

最初の舞台となるのは、現在では東京の秋葉原と並び称される電気屋街「日本橋でんでんタウン」のある日本橋筋（堺筋）である。ここにはかつて「名護町《なご》」と呼ばれる大阪最大の「貧民街」が存在していた。明治中期の大阪では、この「貧民街」を取り払うという問題がことあるごとに議論されていたのである（第一章〜第三章）。そして一八九一（明治二四）年春、この地区にあった長屋を全面的に改造する事業が遂行され、街は解体されるにいたった。第二章ではこの出来事を大阪最初のスラムクリアランスとして論じる。

第三章では、現在のところ都市固有の社会問題が集中してあらわれている日本最大の寄せ場「釜ヶ崎」を取り上げる。「名護町」と同じくその地名は現存しないものの、「あいりん地区」という行政用語の通称としていまだひろく使用されている「釜ヶ崎」には、簡易宿泊所、いわゆるドヤの林立する景観が現出している。では、いったいなぜこの場所にドヤがあるのだろうか。この労働者の街の系譜の始点は、やはり「名護町」にある。従来、「釜ヶ崎」の成立に関しては、一九〇三（明治三六）年に今宮（現在の天王寺公園・新世界一帯）で開催された第五回内国勧業博覧会に際して「名護町」付近の「不潔家屋」が取り払われその住人たちが「釜ヶ崎」に移住した、というのが定説となっていた。本書ではこの説を否定しつつ、「釜ヶ崎」成立の背景にあった事情、そして「名護町」との関係を明らかにする。

日本橋の東側には、「浪速の台所」として親しまれている商店街「黒門市場」がある。「黒門市場」という名は、その近傍に明治末まで存在していた寺の門が黒かったことに由来する、そして一八二〇年代（文政年間）が発祥であるというのが公に語られているところであるが、これはどちらも虚説である。実のところ、「黒門市場」の成立は一九〇二（明治三五）年であり、その背景には、前述の第五回内国勧業博覧会の開催があったのだ。第四章では、「黒門」という名の由来も含めて、市場の成立事情を明らかにしてみたい。

この「黒門市場」とは日本橋を挟んだ西側に位置する「千日前」は、戦前に比べれば斜陽化したとはいえ、押しも押されもせぬ「ミナミ」の代表的な盛り場のひとつである。「千日前」が明治初年まで墓所であったことは有名であるが、この場所を盛り場に再開発する事業に関しては、諸説紛々としている。第五章では千日前の再開発に関する既存の有力な説を整理し、新たに入手した資料をふまえて、「千日前」がなぜ盛り場として成立しえたのかを明らかにし、その発展を跡づけてみたい。

また、特に一九二〇年代の盛り場については、第七章で、心斎橋筋、道頓堀、そして千日前を舞台に闊歩した遊歩者たち（村島歸之、北尾鐐之助、日比繁治郎、小林秀雄、織田作之助ら）の足どりと語りに注目して、彼らが「南」という都市空間の断片をどのように観察しイメージしていた

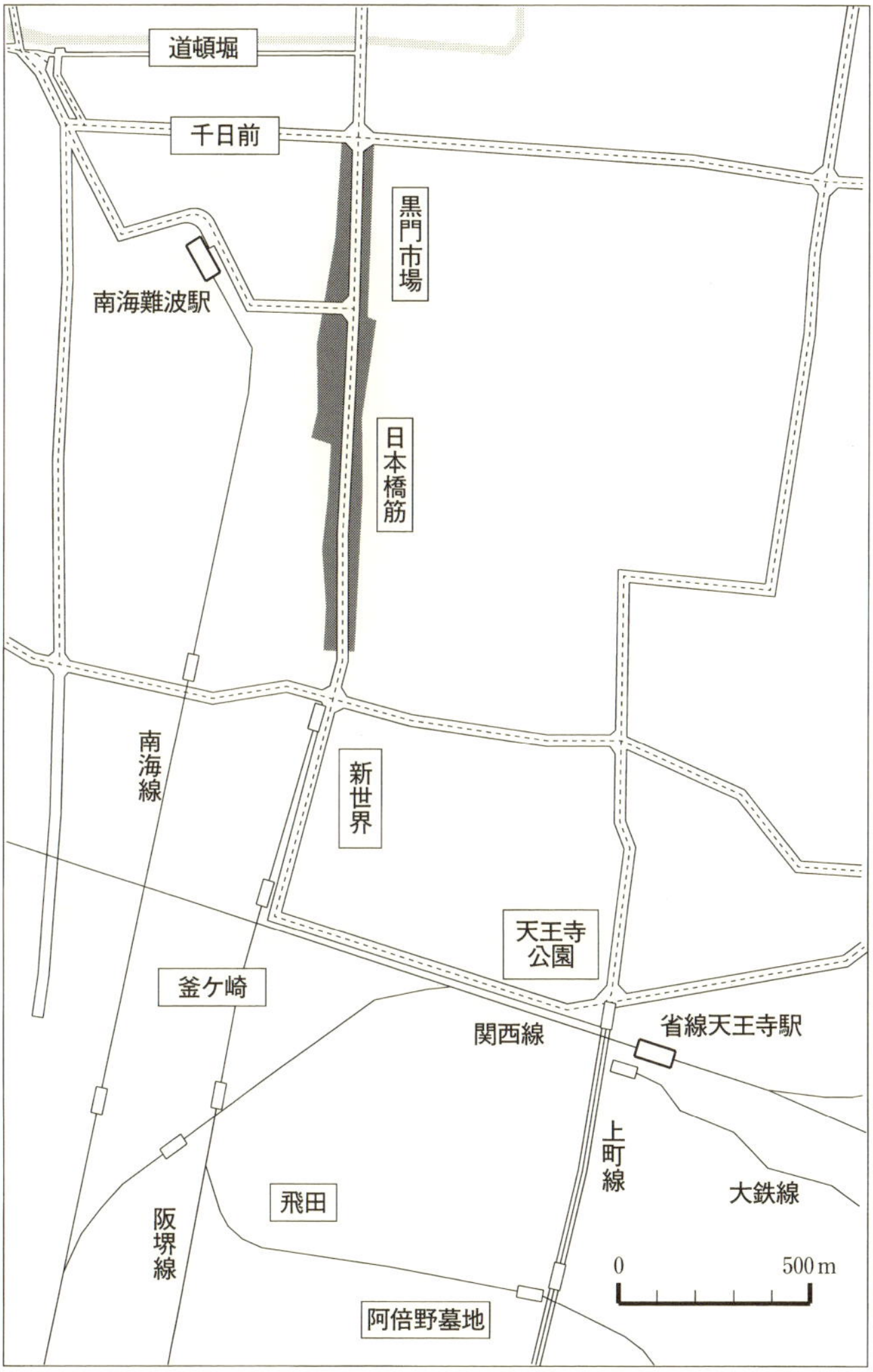
道頓堀
千日前
黒門市場
南海難波駅
日本橋筋
南海線
新世界
天王寺公園
釜ケ崎
関西線
省線天王寺駅
上町線
大鉄線
飛田
阪堺線
0
500 m
阿倍野墓地

図1 「ミナミ」とその周辺

のかを描き出してみよう。

また第六章では明治末期に「南」で起こった大火をきっかけにして市街地近郊に開発された「飛田遊廓」以降の新地開発の動向を整理する。

各章の舞台はいずれも明治中期〜大正期の都市政策によって対象化された「場所」（名護町、釜ヶ崎、黒門市場、千日前、飛田新地など）であり、そうした「場所」（貧民街、木賃宿街、食料品市場、盛り場、遊廓など）の創出ならびに再生産のプロセスに介在する「文化」的な次元と「政治」的な次元の交差する言説領域を分析し、系譜的に地図化することを主題としている。この点で、本書は、「断絶・消滅・忘却・交差・再出現という、非連続的な行程を経てようやく、われわれのもとに到達」するような、個別の場所のなかで交錯しあう解きほぐしがたい社会的・空間的な関係を見定めるというミシェル・フーコー流の「系譜学」を援用した場所研究の試論でもある。

＊本書で使用する史資料において差別的表現とみられる用語も多数ある。筆者はもとより差別が社会からなくなることを願うものであるが、ここでは歴史的資料としての価値を考え、原文のまま引用する。

＊引用文中の傍点は筆者による強調であり、必要に応じて〔　〕などの注記を施し、句読点を補った。

第一章　大阪の「市区改正」計画
――悪疫流行時の衛生行政を中心に

1　はじめに

大阪の「市区改正」と「三大工事」

一八八〇年代後半の大阪では、都市を局所的に改造しようとするさまざまな計画が打ち出されていた。これは、東京の「市区改正」をめぐる議論と連動するものである。「市区改正」とは、日本における「都市計画の嫡流」とでも言うべきもので、一八七〇年代後半に発意された東京の既成市街地の改造を目的とする計画全体の名称を指している。[1]一八八六（明治一九）年八月に公布された「東京市区改正条例」について、都市計画に造詣の深い、後の大阪市長関一《せきはじめ》が、「東京以外の都市に就いては全く顧慮せられず、全然無関心、無頓着であった」と批判したように、一八九〇年代以降に京都や大阪がその準用を求めて運動したにもかかわらず、他の都市に適用されることはなかった。[2]それゆえ、「市区改正」の計画やその成立過程、あるいは実際の都市改造に関する都市計画史を中心とした研究の多くが、東京を対象としている。
とはいえ、東京の市区改正条例の制定期には、大阪でも「市区改正」に向けての動きが起こっていた。たとえば、「大阪の三大工事」と題する以下の記事は、その端緒を示している。

……近年大阪府にて計画中なる川口築港、水道布設、市区改正等の大工事の内水道布設ハ既に測量済となり……先づ水道布設を第一着となし次は右築港にて最早その測量も粗終了せしによりこれを第二着とし第三は市区改正なるが此ハ頗る困難なるを以て後廻しとし右二大工事より順次着手する都合なりといふ。

（『大阪日報』明治二〇年七月三〇日）

一八八七年の段階で、「水道布設」は今まさに着工されようとしており、川口の「築港」もすでに計画が具体化している。この二つの工事に対して、「市区改正」は「頗る困難な」事業であることから「後廻し」にされるとの観測ながらも、少なくとも、当時の大阪における「三大工事」の一つに数えられるほど重要な事業として認識されていたわけであり、この記事から都市計画への胎動をはっきりと読み取ることができる。

この「三大工事」は、大阪独自というよりは、むしろ東京における都市改造の枠組みを踏襲しているように思われる。東京では、近代的な都市にふさわしく市街地を改造するために、どの事業に重きをおくかをめぐって議論がなされていた。要点だけ整理しておくと、まず、一八八〇年に「東京中央市区画定之問題」と題される市街地改造の構想を世に問うた東京府知事の松田道之は、当初は文字どおり「中央市区」の確定を重視していたものの、その後に方針を転換し、「築港」の計画に重きをおく。それに対して、一八八二年に府知事に就任し、「市区改正意見書」を一八八四年に上申した芳川顕正は、「市区改正」から着手することを重視した。(3)この芳川のもとで成案を得た「市区改正」計画が、紆余曲折を経て、一八八六年に「市区改正条例」として公布されるのである。ところが、この時期にはいわゆる「水系伝染病」が大流行したことにより、「市区改正」よりも上水道の改良を優先せざるをえなくなる。(4)つまり、明治前期の東京における都市計画は、築港→市区改正→上水道の敷設と変遷したわけであり、大阪ではこの時系列の構想を「三大工事」として一挙に掲げたとも言えなくはない。

「貧民」の「隔離」計画と上水道敷設

ところで、大阪における「市区改正」は、一般的に、一八八六年一二月に大阪府区部会が知事に建議した案を指しているが(詳細は後述)、この計画はほとんど実行されることなく立ち消えとなり、また東京の場合と異なって、計画に関する公式の計画書類などはほとんど残されていない。したがって、既存の都市史研究は、一八八六年に建議された「市区改正」案そのものではなく、むしろその前後に企画された施設移転計画や建築規則の施行に着目し、それらが「市区改正」を具現するものとして積極的に評価してきた。たとえば、原田敬一(5)は、一八八六年に公布された「長屋建築規則」、「街路取締規則」、「宿屋取締規則」と、監獄の統合計画、市中貧民街の一掃計画を合わせて、知事のもとで企図された「一八八六年大阪の市区改正計画」と呼ぶ。さらに橋爪紳也(6)は原田の議論を踏まえて、一八八七年に計画された「興行地」(千日前)の移転を議論の焦点にすえ、一八八六〜一八八七年に表面化したさまざまな市街地改造は、一貫した「市区改正」計画であると総括した。

原田と橋爪の議論を接合するならば、「長屋建築規則」、「街路取締規則」、「宿屋取締規則」という三つの規則と、「監獄の統合」、「貧民の移転」、「興行地の移転」という三つの計画には一貫性があり、「市区改正」と呼ぶにふさわしい体系性を備えている、ということになろう。そして、両者がその一貫性のなかに見出したのは、時の大阪府知事である建野郷三の意図、すなわち異質なものを排除して純粋な市民社会に統合するという都市計画の理念であった。

本章では、原田と橋爪の議論を踏まえて、一八八六年の「市区改正」案を別の視角から捉え返してみることにしたい。すなわち、「市区改正」の建議の内実であった「貧民」の「隔離」計画と、同じく「三大工事」の一つに数え上げられていた上水道の敷設の双方を同時に必要とした社会的背景、そしてその二つの計画に反映された時の官僚の都市統治に関する思想からである。

当時、市区改正そしてそれ以上に上水道の敷設を必至とする背景には、コレラをはじめとする水系伝染病(悪疫)の流行に見舞われた都市社会の要請があった。大阪の場合、一八八五〜一八八六年にコレラが大流行した結果、「防疫」の観点から上水道敷設の必要性が強く認識されるにいたったのである。そして、東京の「市区改正条例」の公布に刺激され、知事の建野郷三のもと、衛生課長らを中心とした官僚が、公衆衛生対策としての旧市街地の局所的な改造を計画するのだ。

以下では、衛生問題を背景として構想された公衆衛生事業と一連の市街地改造計画との関連を、一八八六年の「市区改正」を中心にして明らかにする。

2 「市区改正」以前の市街地改造

『明治大正 大阪市史 第六巻』には、明治・大正期に府下で公布されたさまざまな法令が収録されている。そのなかには、体系的な都市計画が確立される以前に構想された市街地改造のあり方を看取できる府令も含まれている。とくに、明治維新後の一八七〇年前後に、既成市街地に散在するさまざまな施設の移転・整理を目的とする府令が集中的に発布されており、これらは後の「市区改正」案に引き継がれる内容を数多く含んでいた。そこでまず、「市区改正」を論じる前提として、明治初年の府令を整理しておくことにしたい。府令にみられる市街地整備の軸は、街路整備と「悪所」整理の二つに分類することができる（表1）。

街路整備

維新後に馬車や人力車を中心とする交通量の増大に直面した大阪府は、「往来ノ妨害行為禁止」（一八六九年）をもって街路整備に着手した。そのねらいは、徳川時代をつうじて慣習的に行なわれた庇の掛け出しによる道路の敷地化、あるいは路傍に置かれた小祠、出店、火除地の盛り場化などによって著しく狭められていた街路を本来の幅員に回復することにあった。とくに一八七一年三月に発布された「道路境界ノ改正」は、東西四間三分・南北三間三分という秀吉

表1　市街地整備に関する府令

年	月	府　　令
1868	7	長町宿屋ノ取締
	8	賭博類似行為ノ禁止
	12	松島廓ノ開設
1869	4	俳優ノ風儀取締
	5	川原モノ居住心得
	5	往来ノ妨害行為禁止
	8	茶屋置屋業株ノ限定許可
1870	2	無許可木賃宿・ポン引等ノ営業停止
1871	2	市中往来ノ妨害禁止
	3	道路境界ノ改正
	3	道路占有ノ取締
	3	遊所ノ制限並ニ課税方
	4	道路上出店等ノ禁止
	4	路傍妨害物ノ撤去
	5	往来妨害ノ涼ミ床ノ禁止
	6	道路・橋上等ノ取締
	10	泊茶屋営業ノ禁止及移転
1872	4	芝居興行許可ノ件
	4	乞食ノ取締
	6	橋梁火除地ニオケル髪結床・煮売店等ノ移転取払
	7	芝居等諸興行営業心得
	8	男芸者ノ禁止
	8	八ケ所ノ芝居興行禁止
	9	市中道修理心得
	10	道路通行妨害ノ禁止
	10	所定箇所以外ノ遊所禁止
	10	路上障害物ノ撤去
	11	路上往来障碍物ノ撤去
	11	町内路傍・環境ノ整備
1874	3	道路掃除・溝渠疎通必要ノ諭示
	8	長柄村埋葬所ノ設置
1875	2	西成郡岩崎新田埋葬地ノ設置
1876	3	市中道路幅ノ改正

『明治大正 大阪市史 第六巻』（日本評論社，1932年）より作成

による町割以来の「御定則」の回復を目的としており、「経界ヲ侵」している「建家・出店等」を取り締まる原則を確立したという点で、きわめて重要な意義をもつ府令であった(7)。

同年中に出された各府令(「道路上出店等ノ禁止」、「路傍妨害物ノ撤去」、「往来妨害ノ涼ミ床ノ禁止」、「道路・橋上等ノ取締」)は、「道路境界ノ改正」にもとづいて、道路を「狭隘」にしたり、交通を妨げる建築や行為を統制することに重点がおかれている。たとえば、店先の商品陳列や洗濯物の干竿など、軒先の使用に関する単純な制限にはじまり、橋下の「非人小屋」の撤去、暑中の「涼ミ床出シ店」、縁日や辻の「出シ店」の禁止にいたるまで、広範な内容を含んでいた。つづく「路上障害物ノ撤去」と「町内路傍・環境ノ整備」は、それまでの命令をより徹底する内容となっている。

「悪所」の整理

街路整備とならんで維新後の市街地改造には、さまざまな施設の整理・統合にも重きが置かれていた。たとえば、「茶屋置屋業株ノ限定許可」(一八六九年)、「遊所ノ制限並ニ課税方」(一八七一年)、「芝居興行許可ノ件」(一八七二年)は、それぞれ「泊茶屋」、「遊所」、「芝居興行」をいったんは課税の対象とすることで、その所在地を具体的に認定する。その後、「泊茶屋営業ノ禁止及移転」(一八七一年)、「八ヶ所ノ芝居興行禁止」(一八七二年)、「所定箇所以外ノ遊所禁止」(一八七二年)で、「泊茶屋」、「芝居興行」、「遊所」それぞれに対して、現在の場所での営業および新規営業を禁ずる一方、松島遊廓内へ移転した場合に限り営業の継続を許可した。つまり、松島遊廓に移転しない限り営業を継続することができないわけで、府令のねらいはまさに泊茶屋や芝居小屋などの移転を促進し、整理・統合することにあったわけである。

「八ヶ所ノ芝居興行禁止」で対象とされたのは、上難波社（三カ所）、座摩社（二カ所）、御霊社、北堀江下通二丁目、曽根崎新地、天満天神社の芝居（小屋）であった。「所定箇所以外ノ遊所禁止」は、「遊所」すなわち遊廓（花街）の立地を制限するものである。「所定箇所」として認定されたのは、道頓堀櫓町、九郎右衛門町、南阪町、難波新地一〜四番町、新町北通一〜二丁目、新町通一〜二丁目、新町南通一〜二丁目、裏新町、北堀江上通二〜三丁目、北堀江下通二〜三丁目、松島廓、曾根崎新地一〜三丁目、安治川一〜二丁目であった。これらはいずれも近代大阪を代表する花街である（図2）。

「泊茶屋」とは、「遊所」に対する小規模な遊廓と考えてよい。「泊茶屋営業ノ禁止及移転」は、西高津新地六丁目、西高津村、馬場崎町、北平野町一、六〜七丁目、天王寺村中小路町、吉右衛門肝煎地、内本町橋詰町、徳井町、玉木町、新瓦屋町、曽根崎村、上福島村、北野村、天満天神社地、生玉社地、湊町、幸町二、五丁目、崎吉町に立地する「泊茶屋」に対して営業の禁止もしくは松島遊廓内への移転を命じている。この府令が出てからおよそ二〇年後に、「本町橋詰町字曲り（内本町橋詰町）のごとき昔時遊廓のありし所は取払以来すでに数十年を経るもなおその辺には密売淫の他よりも盛んに行われ……」（『大阪朝日新聞』明治二三年二月八日）と報じら

■は七大墓　●は主な遊廓　•は泊茶屋

図2　都市の周縁に位置する墓地や悪所

れており、制度的には「泊茶屋」（「遊廓」）が取り払われていたことがわかる。また、その他の「泊茶屋」のあった町は、廃止後も幾度となく「遊廓」の復活を願い出ている。このことから、「泊茶屋営業ノ禁止及移転」は相当な効力を持っていたと考えられる。

さらに、このような遊興施設の移転ばかりでなく、大道者・河原者の排除や、行為の禁止（「賭博類似行為ノ禁止」、「俳優ノ風儀取締」、「川原モノ居住心得」、「男芸者ノ禁止」）も組み合わされており、これらを合わせて考えると、大阪府のねらいは、近世以来、市街地の周縁部あるいは寺社境内に展開していた「悪所」群をそこから排除すると同時に、必要悪として制度的に定めた都市空間の片隅へと囲い込んでいくことにあったようだ。「悪所」とは、赤坂憲雄[8]にしたがうならば、近世権力によって「制度的にひかれた／去勢された」境界であり、中世の公界《くがい》に生きた遊業女婦《うかれめ》や河原者が囲い込まれた遊廓や芝居小屋の集積する「場所」のことである。この一連の府令によって、さまざまな「悪所」が排除され囲い込まれた結果、近代大阪を代表する遊興空間、すなわち松島遊廓と盛り場としての「千日前」が成立したのである（第五章を参照）。

以上に概観した街路整備と「悪所」整理は、相当の成果を収めた特筆すべき事業ではあるものの、当然ながら完遂されたわけではなく、「市区改正」の課題として引き継がれる。

3　コレラの流行と防疫

防疫に関する二つの原則

明治前期の日本は、古来からの天然痘・結核などの細菌感染性疾患に加えて、コレラやペストをはじめとする各種急性伝染病が大流行を繰り返し、公衆衛生対策はつねに都市を統治する上での重要な課題となっていた。このことは、当然、大阪にもあてはまる。

コレラの予防法は、周期的な大流行を経験するなかで、法令と具体策とにおいて段階的に確立されてゆく(9)。まず一八七七年の流行時に政府は、二四条からなる「虎列刺病予防法心得」を各府県へ通達した。ついで、一八七九年の「予防仮規則」を経て、コレラ・ジフテリア・赤痢・腸チフス・天然痘・発疹チフスの六つの疾患を法定伝染病とする、より体系的な「伝染病予防規則」が定められた。そして、コレラが全国的に猖獗をきわめた一八八六年には、内務省が「予防の徹底を期す」ために「伝染病予防規則」にもとづいた「虎列刺病予防消毒心得書」を編み、その実行を督励する。

この規則における対策の重点は、飲料水や食料の保全に重点を置いた予防にあると同時に、「避病院」の設置を規定し、患者の収容を義務づける防疫にもあった。一八七七年に大阪府は、市街地近郊の四カ所（南長柄、野田、市岡新田、難波）に避病院を設置したが、流行が終息した年末には、病原菌の再発を絶つために焼き払っている(10)。つづく一八七九年の流行時には、「裏長屋等ニ居住シ寄合雪隠」を使用する患者の避病院への送致が徹底された。

注目しておきたいのは、「伝染病予防規則」をもって防疫に関する二つの原則が確立されたことである。すなわち、「総則第八条」で明文化された、「病毒ノ伝播」を防ぐために患者を「避病院」に送致すること、ならびに、「伝染病者アル家ニハ其病名ヲ書シテ門戸ニ貼付シ要用ノ外他人ト交通ヲ絶タシム」という「交通遮断」の原則である。そして、とくにコレラが「蔓延ノ徴候」をきたしているときには、「市街村落ノ全部若クハ一部分」を「遮断」し、「交通ヲ絶タシムルノ処分ヲ為スコト」も合わせて定められた（第一五条）。

コレラ「遮断法」

「虎列刺病予防消毒心得書」は、この防疫策の理念をより明確に示している。すなわち、避病院の設置は患者を治療することのほかに「病毒ヲ他ニ散乱セシメス一所ニ隔離シテ予防スル」という目的をもつこと、そして「遮断法」についてはつぎのような目的が設定されている。

虎列刺病毒ハ患者僅少ナル時期ニ於テ撲滅セス一旦散漫セシムルトキハ之ヲ遏ムルコト頗ル難シ故ニ其目的トスル所ハ之ヲ一人ニ於テ撲滅シ能ハサル時ハ一家ニ於テ撲滅シ一家尚能ハサル時ハ一村一部落ニテ撲滅ス可シ其撲滅ヲ謀ルニハ第一交通ヲ禁シ病毒ヲ一所ニ遮断シテ其ノ場所ヨリ之ヲ他ニ流伝セシメサルヲ要ス

つまり、防疫としての「遮断」は、個人→家→村落／街区という段階的なスケールに応じて行なわれる。では、実際に、防疫としての「隔離」や「遮断」はどのように行なわれたのであろうか。コレラが大流行した一八八五〜一八八六年期の初発時における以下のような報道から、当時の「交通遮断」の実施の模様が明らかになる。

南区中虎列拉の最も多き処は日本橋筋三四五丁目の三ヶ町にて其病勢も太《はなは》だ激烈なり因て途に発病して途に倒れ居りし者少なからず又裏長家に発病者ありて其対屋三軒両隣の竹垣を結びて交通を遮断せられし箇所那首這首《あちこち》にあり去る十五日より昨日迄竹垣の中に居る健康者の戸長役場より粥を与えられて居る者百九十五人なり

（『大阪朝日新聞』明治一八年一〇月二一日）

個人が感染した場合には避病院に送られるが、この記事にみられる状況は、すでに流行している段階にあり、近隣地区全体で「交通遮断」が実施されている。規定には盛り込まれていないが、街区レベルでは、発病者のいる家屋と両隣、その向かい三軒の計六軒をまとめ合わせて竹垣を結い廻し交通を遮断していた。当期の新聞記事を参照すると、この方法が大阪では一般的であったことがうかがわれる。

桃山避病院

すでに確認したように、もう一つの「防疫」の仕方は、患者を避病院に送致して隔離することである。コレラの大流行に対処するため、一八八五年に大阪府は、東成郡天王寺村字筆ヶ崎（現天王寺区筆ヶ崎）に区部専用の避病院として、「桃山避病院」の設置を決定した。

今明両日を以て汎く諸人に縦覧せしめらるる東成郡天王寺村字筆ヶ坂《ママ》に新築したる区部専用の避病院を一覧したれば左に略図を掲げて大概の形状を記さんに此病院は桃山の桃林中に在て其高燥なるは言ふまでもなく四辺の眺望空気の流通ともに宜しく井水も亦清潔なれば実に病を養ふに適するの良地にして六千三百余坪を一廓となし惣建坪は五百二十坪余あり周囲には板塀と溝渠を繞らし其中央に六角の室を構へ此所より六方に向ひて病室を派出し恰も雪の結晶体に於ける状をなせり而して其棟の大なるは四畳半の病室各十二あり中なるは同じく十室小なるは六畳の室五あり其構造は木造にして屋根にはいづれも瓦を葺き棟の上に空気抜きを設け病室の天井にも二所或は三所の窓を穿ちて金網を張り室内の空気を漏して新鮮なるものと交換せしむる様になしたり又室内の通路は煉瓦を敷き床下は漆喰になして時々洗浄するに便す又病室内の背に戸棚あり室の内外に戸を設け患者の排泄物を此に入れ置けば外より各室を廻りて之れが掃除をなし又中央六角の室内に浴室を設け湯風呂を車に載せて各室に運び治療の用に供する様になしたり此病院は段々の実験を積て構造し

たるものなれば其用意の周密なる間然する所なく入院患者の為には最幸福と云ふべし

（『大阪朝日新聞』明治一八年一〇月二一日）

この説明によると、「桃山避病院」は、市街地から離れた空気や水のよい「病を養ふに適するの良地」である台地の上に建設される。その周囲には「板塀と溝渠」をめぐらし、正門には「門番所」が、裏口にあたる患者の出入り口には「巡査詰所」を設置する。このように「一廓」をなす敷地の中央部には、「六方に向ひて病室を派出し恰も雪の結晶体に於ける状《さま》」の「六角の室」が建設されることになっていた（図3）。さらに、各病室の通気や衛生状態にも配慮されており、「其用意の周密なる間然する所なく入院患者の為には最幸福と云ふべ」き「構造」の避病院であった。

はたして患者はほんとうに「幸福」であったかどうか。すでに明らかなように、この本格的な避病院として新築される「桃山避病院」の構造は、のちに日本各地の刑務所でも採用されてゆくことになる、監視可能《パノプティック》な収容施設のさきがけである。コレラ患者は完璧に隔離され、完治するまであるいは死をむかえるまで、けっしてここから出ることはできない。

以上のように、悪疫流行時の衛生行政は、衛生警察による「交通遮断」および「避病院」への送致という二重の防疫体制を敷いていた。そして、この二重体制は、「市区改正」とも密接に関連する市街地の改造――スラムクリアランス――計画に流用されてゆく。

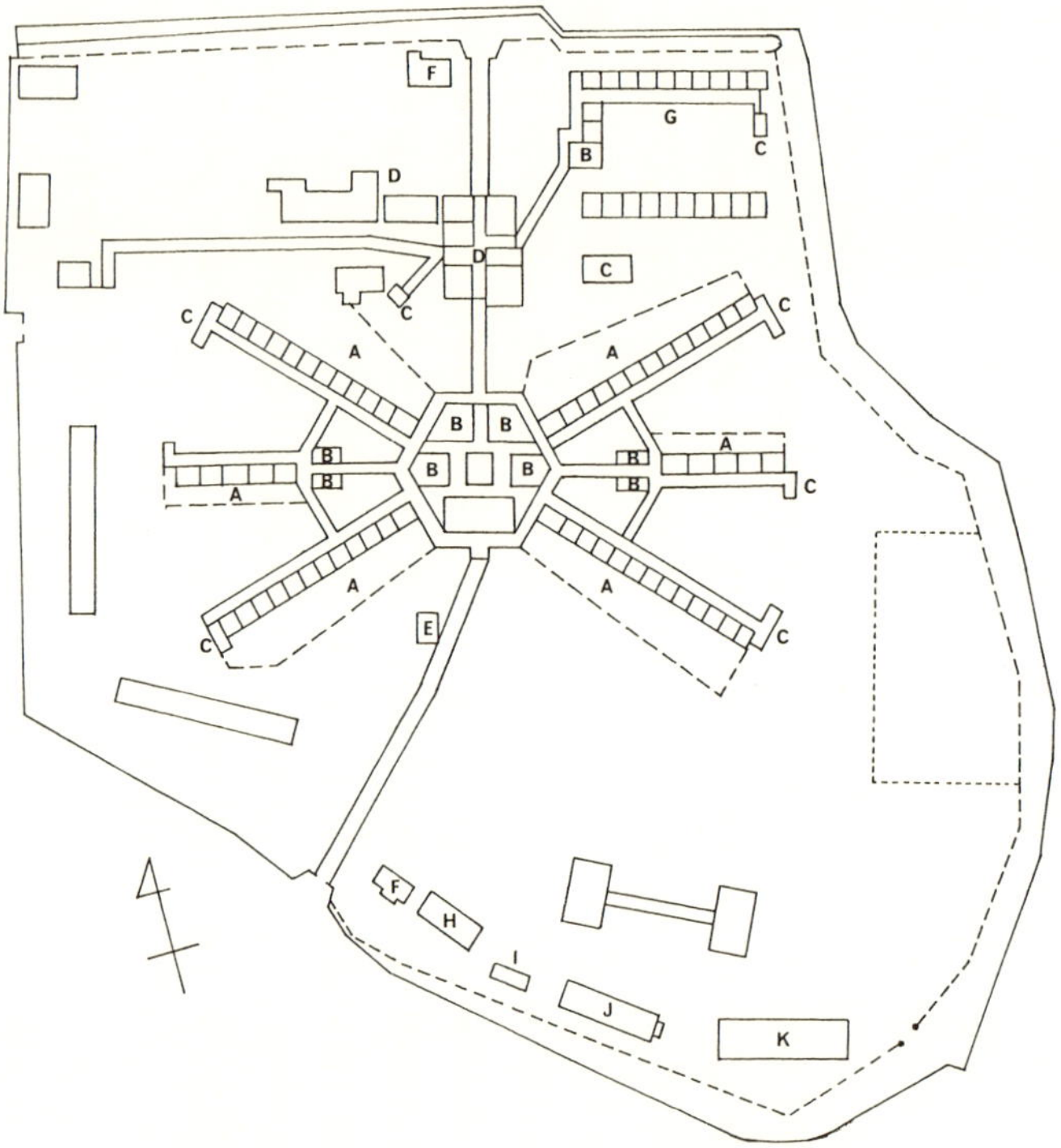

A：病室，B：看護人室，C：便所・浴室，D：事務所，E：巡査詰所，F：門番所，G：全快室，H：燻蒸室，I：洗濯室，J：死亡室，K：排泄物焼却所

図3　桃山避病院の見取り図

『大阪市立桃山病院100年史』（63頁），『大阪朝日新聞』（明治18年10月21日）をもとに作成

4　「貧民」の隔離計画

一八八五〜一八八六年にコレラの大流行に見舞われていた大阪では、二重の防疫体制にとどまらない、より根本的な対策が講じられようとしていた。それは、コレラが大流行した特定の地区の家屋を取り払い、そこに居住する人びとを市外に移住させて「隔離」するという、大掛かりな市街地改造計画である。この計画は、移転先の地元利益を代表する府議らの反対によって結局のところ実現はしなかったものの、日本で最初とされる東京の「神田橋本町スラムクリアランス計画(11)」と比較するとき、都市をめぐる独自の空間思想が浮かび上がる。

「神田橋本町スラムクリアランス計画」

神田橋本町は江戸時代からつづく木賃宿や「願人坊主」の集住する長屋密集地区であったが、一八八一年一月の大火をきっかけとして、時の府知事松田道之主導のもとで橋本町を再建する事業計画が議論された。松田が提示した事業の理念・目的は、衛生、防火、都府の体面と説明される。被災直後に諮られた原案は『明治十四年東京十五区臨時会議事録』に収録されており(12)、その概要を吉田伸之(13)が現代語訳しているので参考にしてみたい。

橋本町は、細民輻輳の地で、……ここに宿泊する者は、日々各所に乞丐する風習をもつ、無籍同様の定業なき者の巣窟となっている。……その不潔・不体裁なことはいいようがない。維新後、現在までこれを一掃することができないでいたが、二六日の大火で焼失したのは、改良のチャンスが到来したというべきである。これを買収し十五区共有地として、普通の営業をする者へと貸し付け、これまでの弊習を一洗しようとするものである……。

つまり東京府は、橋本町で起きた大火を「改良のチャンス」として、木賃宿や「陋矮ノ家屋」が密集し、コレラの流行した「不潔・不体裁」のこの地一帯を「十五区共有金」で買収した上で公有地とし、その後、選別的に「普通の営業をする者」へ貸地する再建方針を打ち出したのである。木賃宿の建設を認可しないことによって、「貧民」は追放されてしまい、「スラム」は「完全にクリアランス」される結果となった(14)。そして橋本町は「職人と小商人の町として再生」したのである(15)。

この事業は、貧富の住み分けを根幹に据えて「中央市区」論を打ち出していた知事の松田道之のもとで計画され遂行されたものであり、当時の都市計画の有力な考え方であった「貧富分離論」を実践したものとも言えるだろう。しかしながら、ここで注目されるのは、この再建事業が「都府の体面」を守ることにのみ固執した結果、被災した住民の生活にはまったく関心が示されず、「散布シテ住マシムル」という観測がなされたにすぎなかったことである。この点は、大阪における「貧民」の隔離計画とは決定的に異なるものであった。

大阪における「貧民」の隔離計画

一八八六年八月、大阪府知事建野郷三は、多数のコレラ感染者を出していた南区日本橋筋三～五丁目、通称「名護町」（長町）の「貧民」（「貧戸」）を市街地の外へ移転させる計画をたてる。その端緒が「長町弊習一洗の協議」として、つぎのように報じられた。

> 彼の長町には貧民のみの居住して不潔汚穢を極むるとは今さらいふまでもなきことなるが目下悪疫流行の際独り病毒媒介の便をなすのみならず都会の地にして此の如き場所あるは外国人の目に触れても大に恥入りし次第なればこの際に当り同地の人民を他所へ移して一の救助場を設置し従来の弊習を一洗するの策を施さんとの考案にて一昨々日建野知事よりこの事を郡区長に協議せられなりといふ果して之を実際に行ふに至れば吾大阪の為めには実に一面目を改むる所のものあるべし
>
> （『大阪朝日新聞』明治一九年八月八日）

さらに、この記事につづいて名護町は、以下のように位置づけられた。

> 抑《そもそも》此長町といへるは今更事新らしく申までもなく不潔汚醜の場所にして貧民の巣窟悪漢

の潜伏場たる如きの姿を成し紙屑拾ひ軒づけ乞丐兒などいへる類の最下等の人種は皆この中より出で全く人間社会の外に立て尋常人に歯せられざるもののみ集合する所なれば悪疫流行の時如き先づ之が媒助をなして惨毒を他に伝播せしむるの憂あり其外此中より生ずる所の害は一々枚挙に暇あらざるほどの事ゆえ吾も人も共に其取払の断行を望むこと頻なりし……

（『大阪朝日新聞』明治一九年八月一四日）

この二つの記事から明らかになるのは、「都会」としての「面目」をたもつために「不潔汚醜の場所」、「貧民の巣窟」、「悪漢の潜伏場」である名護町を取り払い、その住民である「貧民」を「他所」に囲い込み「弊習を一洗する」という一連の事業計画である。この計画の推移については第二章で詳細に取り上げることとし、ここでは「貧民」を名護町から「他所」に移転させるという「隔離」計画についてのみ焦点を合わせることにしたい。

まず移転先の用地、すなわち「他所」として想定されていたのは、当初は、市外の難波村近辺の地所であった（『大阪朝日新聞』明治一九年八月一四日）。しかしながら、市中に近接していることを理由に、西成郡八幡屋新田なども候補地にあがる（『大阪朝日新聞』明治一九年八月一七日）。そもそもこの計画はコレラの流行に端を発しており、また先に引用した記事にあったように、名護町の住民はそれを「媒助」していると見なされていたわけであるから、囲い込む場所が市街地に近すぎることは、大きな問題となったわけである。その後、いくつかの候補地が議論されるが、それらはあくまで市街地から離れた地所ばかりであった。

では、市外の地所に開発される施設の計画はいかなるものであったのか。表2は、「共同家屋」を建設するために組まれた予算の費目をまとめたものである。同年一〇月に提出された案を参照して、その全貌を整理してみよう。

計画では、まず、畑地を敷地として買収し、住宅などの建設用地として整地する。周囲には全長約七七一メートル、深さ約九〇センチメートルの溝渠をめぐらし、四二カ所の板橋をかける計画となっていた。この構造が意味するところは、「住民ハ可成《なるべく》区域外へ出さしめざる」ことである（『大阪日報』明治一九年九月三日）。

そして区域内には、平屋造りの家屋二七〇〇戸を建設する。このうち、二〇〇〇戸は建坪が二坪、七〇〇戸は建坪が三坪である。その他、地区内のインフラストラクチュアとして、井戸を二〇戸に一つの割合で計一三五カ所、厠圊《しせい》を二戸に一つの割合で計一三五〇カ所、芥溜を一五戸に一つの割合で計一八〇カ所、それぞれ付設する。さらに、街灯二〇基を設置し、樹木二〇〇本を植えることになっていた。

表2　共同家屋の建設費

細　目	9月案	10月案
敷地買収	13000	9407
敷地整備	3750	4341
溝渠建設・修繕	610	2507
家屋建築・修繕	25375	24535
橋梁架設	18	38
井戸新設	630	1147
厠口建設	4050	5062
芥溜設置	144	180
道路敷設・修繕	81	521
街灯・樹木		62
計	47658	47800

『大阪朝日新聞』（明治19年9月5日，10月17日）より作成

また、住民を職業訓練する「授産場」やさまざま

な商業施設（白米小売商五軒、薪炭商三軒、荒物商三軒、煮売商四軒、八百屋二軒、貸蒲団屋二軒、質屋二軒、風呂屋四軒、理髪店二軒）、そして医師が常駐する共同事務所など（『大阪日報』明治一九年九月三日）、公共施設も充実させる計画であった。

総括すれば、市外の地所に深い溝をめぐらせた上で、「貧民」を収容する「家屋」（二七〇〇戸）のほか、「授産場」や各種商店、医療機関などを設けて「一廓」となし、「貧民」を「区域外へ出さ」ず、また、数戸に一つの割合で厠圊・芥溜を設置するなど、本来の目的である「衛生」にも配慮した、大規模な「隔離」施設の建設計画であった。つまり、「名護町」の住民の「弊習を一洗する」として計画されたこの住宅地区は、前年に設計されていた「桃山避病院」にみられる理念、すなわち「隔離」の思想を共有しているのである。

とはいえ、この段階での計画は、ただ名護町の長屋を取り払うのではなく、あくまでコレラを媒介すると差別視された住人たちを市外に「隔離」するというものであった。この点は、神田橋本町と比較しても、徹底した一貫性がある。しかしながら、この計画は頓挫し、当初の意図は矮小化されて、「名護町」（＝スラム）の「取り払い」（＝クリアランス）にのみ絞られてゆく。

「市区改正」との関連

ところで、名護町の「貧民」の「隔離」計画は、議論が起こりつつあった「市区改正」との関連がまったくなかったというわけでもない。この計画案を審議した者たちのなかには、「市区改正の必要」を強調して賛成する者、あるいは逆に「市区改正の端緒」としてはあまりに不充分であることをあげて廃案を主張する議員もいたからである。そして、名護町の家屋や住民の移転に対して強い意欲をみせる知事の建野が、計画案の可決を目指して組織した会議では、議論の口火を切った議員が、市区改正の計画もままならないうちから「僅に一部分の不潔町村を移転せしめんとするが如きは到底策の得たるものにあらず……姑息の策」と一蹴したことにより、「満場の議員交々起て……賛成し」、廃案に追い込まれた。いずれにしても原案では「市区改正」に一言もふれていないにもかかわらず、議員たちはこの事業を「市区改正」の一環と位置づけていたのであり、体系的な「市区改正」の必要性を多少なりとも認識していたと考えられる。実際、議案に反対した亀岡徳太郎（南区・府議）が代表となり、一二月には「市区改正」を知事に建議する。

もう一つ注目されるのは、「貧民」の「隔離」計画と並行して大日本私立衛生会大阪支会の会頭でもある建野が、「虎列拉病撲滅の方案」を検討する委員会を発足させていたことである（『大阪日報』明治一九年八月二九日）。この委員会で建野に代わって中心的な役割を果たしたのは、大阪府衛生課長で検疫副本部長を務めていた平田好であった。

同委員会は、最善の防疫策を「奮発して夫の市区改正を断行」することであると強調する。しかしながら、「頗る大事業にして実際行ハれ難き事情も」あることから、「先づ裏長屋に制限を立てなるべくだけ空地を存し樹木を植付け空気をして新鮮ならしめ又ハ飲料水を改良する等すべて同病発生の原因を遡りて撲滅を謀る……」（『大阪日報』明治一九年九月四日）ことを提議した。この主張にみられる長屋の規制、空地、植樹などの地区改良の方法は、先にみた隔離地区の計画に反映されていることがわかる。そしてこの提議は、衛生問題を重視する立場の建野と平田が、現実味のない大規模な「市区改正」ではなく、長屋建築の規制にもとづく地区改良と上水道敷設による飲料水の改良から着手しようとしていることを示してもいる。

やはり同じ頃、大阪商法会議所が帝国大学に諮問していた「悪疫退治方案」について、緒方正規（医科大学教授）が、「成る可く過多の住家を麕集せしめざる事　若し行ひ得べくば最も貧窮の人民を多少市区より距たりたる処に住居せしむること」、そして「清潔な飲料水および用水を充分量市内に供給する」ことを提案した（『大阪日報』明治一九年一〇月七日）。緒方の主張もまた、悪疫の流行時における都市統治の技法――「貧民」の市外への隔離、上水道の敷設――を如実に物語っている。

5　大阪における「市区改正」計画の意味

大阪の「市区改正」は、東京の「市区改正芳川案」の論議に刺激されるかたちで検討が開始され、一八八六年一二月一〇日に大阪府区部会が「全会一致」をもって議長の亀岡徳太郎の名で知事の建野に提出した「市区改正ノ計画ヲ請フノ建議」（以下、「建議」）を指す。[16]この「建議」

は、名護町の「貧民」を「隔離」する計画を亀岡らが否決してわずか二カ月後のことである。

この「建議」に盛られた「市区改正」の方策は、以下の四点であった。

①「道路橋梁ノ位置ヲ確定シテ橋数及道幅ヲ取リ極ムベキコト」。

②「蒸気機関ヲ使用シテ物品ヲ製造セル危険ノ工業家等ヲシテ適当ナル場所ニ移転セシムベキコト」。

③「賤業者ノ区内ニ散在セル者ヲ別ニ移住セシムベキ土地ヲ撰ミテ此ニ転住セシムベキコト」。

④「花街ノ移転地ヲトシテ該営業者ニソノ準備ヲ為サシムベキコト」。

「建議」のこれらの骨子を、「規模、用途地域制、道路計画、鉄道計画、運河計画、橋梁計画」などを具体的内容にもつ「市区改正芳川案」に照らし合わせてみると、[17]①は道路・橋梁計画に相当する計画全体の骨格であり、②③④は、一見したところ「用途地域制」に相当する。だが、「市区改正芳川案」の「用途地域制」は江戸時代の都市構造を前提にした「町地、官省地、邸宅地」という三種の用途であり、「建議」とは様相を異にしている。とくに②は工業地の区分をなすもので、一九一九年に制定された都市計画法ではじめて採用される地域制の理念を明文化した先駆的な事例として評価されているものだ。[18]

④は明治初年の整理政策以後も存続を許されていた市内の大規模遊廓（「花街」）を市外へ移転させる計画である。この項は「建議」に先だって提出され、「市区改正問題ノ一部分」として否決されていた「大阪ノ花街ヲ他ニ移転スルヲ望ムノ建議」を盛り込んだものである。(19)

ところで、「賤業者ノ区内ニ散在セル者ヲ別ニ移住セシムベキ土地ヲ撰ミテ此ニ転住セシムベキコト」という項は、既存の研究でもまったく取り上げられてこなかったが、文中の「賤業者」はどのような人びとをさすのであろうか。たとえば、「世に最賤業と称する所の紙屑買の如きは名護町社会に在て最上の地位を占る」（『大阪朝日新聞』明治一九年九月四日）という現在では考えられないような差別的な指摘を考慮すれば、「賤業者」とはまさにこの年の「隔離」計画で問題化された名護町の「貧民」を指していることがわかる。つまり、市街地に「散在」する「賤業者」を「転住」させるという③は、まさに同年中に建野や平田が企画して亀岡ら府議が否決した「貧民」の「隔離」計画を踏襲しているのだ。

「建議」は、以上の四項目を「目下ノ一大急務」と位置づけ、これらの事業を起こさないうちに「新規ノ土木ヲ起シ衛生ノ法ヲ施ス」としても「徒労徒費」に終わると主張する。区部会は同日に「建議」と合わせて「飲料水改良の挙を至急実施せられ度儀に就きての建議」を建野に提出しているが、この一文から「市区改正」を優先する意図がまがりなりにもあったことがうかがわれる。(20)しかし、「市区改正」は「古今未曾有ノ一大事業」であって「之ガ企図計画ヲナスニ方リテハ素ヨリ一朝一夕ノ能ク為シ得ベキモノニハアラザル」ゆえに、まず「技術師衛生家商法家我々代議士等」から構成される「取調委員」を選定し、計画の実施にあたることを提言した。

「建議」を受けて建野は、衛生・土木・警察の官僚を中心とする「大阪市区改正方案取調委員会」を府庁内に設置した[21]。委員長には武内維績（書記官）が就任し、委員には、加藤海蔵（土木課長）、野尻武助（土木課一等技手）、船曳甲（土木課二等技手）、内藤真三四（庶務課長）、平田好（衛生課長）、岡沢貞一郎（衛生課員）、林宗親（農商務課長）、山田幹（警察本部内事課長）らが選任された。各委員は各々の事項（「戸口増減の情勢・道路・橋梁・河川・下水・溝渠及び鉄道等数十項」）を分担して調査し検討した上で、「道路橋梁ノ新設及拡張」、「工場ノ隔離」、「地区ノ制定」、「花街ノ整理」という基本的には「建議」に沿った計画の骨子をまとめる。

「大阪市区改正方案取調委員会」の打ち出した計画は、「後年の諸計画立案の基礎」になったとされてはいるものの[22]、「市区改正芳川案」とまったく同じ規格（一等一五間、二等一〇間、三等八間、四等六間）の「市区道路改正」を確定した以外に目をひくような計画はなにもなかった。路線計画のみが具体化されていることを考えれば、「交通中心主義」と称された「市区改正芳川案」と同じく[23]、大阪における「市区改正」も道路改造を中心に据えた計画であったと言える。

だが、委員会の計画の三点目にある「地区の制定」は、「賤業者ノ区内ニ散在セル者ヲ別ニ移住セシムベキ土地ヲ撰ミテ此ニ転住セシムベキコト」という「建議」の目的からすれば、すっかり後退し、あいまいにされているように見受けられる。しかし、名護町の取り払いに固執する建野は、これとはまったく別の手をすでに打っていたのである。

6　名護町の再開発計画

市区改正と名護町の再開発

「大阪市区改正方案取調委員会」による「市区改正」計画が発表されたのとほぼ同時期に、もうひとつの市街地の局所的な改造計画が浮上していた。それは、名護町に密集する裏長屋を取り払い、その跡地を盛り場として再開発しようとする計画である。名護町の地主から選挙された「土地改良委員」九名が発起人となり（『大阪日報』明治二〇年七月二四日）、みずから名護町を「貧民無頼者の巣窟」と呼び、「市区改良」の必要性を説く要望書を一八八七年三月六日に大阪府へ提出したのである。その具体的な要望内容は以下の四点であった（『大阪朝日新聞』明治二〇年七月二四日）。

①市街及び社寺境内地に有之諸興行場八月限を期して移転せしめられ度事（但し自然已むを得ざる事情等有之候はば差向千日前を先にせられ其他は漸次に移転せしめられ度候）

②市街に散在する現在の劇場中其二三を移転せしめられ度候事（但し已むを得ざる事情等有之候はば朱線内へ新に二三劇場を特許せられ度候）

③新町堀江等の遊廓を移転せしめられ度候事（但し已むを得ざる事情等有之候はば朱線内の一区域へ特許せられ度候）
④朱線内従来の家屋取払は興行小屋等の敷地に需要あるに随ひ漸次に撤去可致候事

要望の①②③における、芝居小屋、劇場、遊廓の移転を求める内容は、明治初年に展開された「悪所」の整理政策を踏襲していると同時に、「市区改正」の「花街ノ整理」計画も踏まえている。とはいえ、八月を期限とする早急な要求にはあまりに現実味がなく、「土地改良委員」たちの真意は、各項に付された括弧内の要求――千日前の見世物小屋の移転、劇場や遊廓の新設許可――にあるのではないだろうか[24]。そして当然のことながら、この前提となるのが④で説明されている（不潔）家屋の「取払」ないしは「撤去」である。仮にこの要望どおりに事業が実行された場合、「大阪市区改正方案取調委員会」の「地区ノ制定」を待つまでもなく、「賤業者ノ区内ニ散在セル者ヲ別ニ移住セシムベキ土地ヲ撰ミテ此ニ転住セシム」という、懸案の名護町（＝スラム）の取り払い（＝クリアランス）にかぎっては達成され、同時に「悪所」整理も完遂されたはずである。

このように考えると、あまりに時宜を得た発意ということになるが、実のところは、裏で南区長の小柴景起が主だった地主たちを諭して、この計画を提出させていたのだ[25]。いうなれば、小柴の行動は知事の建野の意向を受けてのものであろう。建野は同年七月に、千日前の香具師に対しては興行の禁止命令、名護町の「土地改良委員」に対しては「劇場諸興行物」（①②の付帯要求）を許可し、遊廓の移転・新設は見送ると同時に、名護町の家屋取り払いの日限を定めて計画の着手を促した。[26] 建野の目論見は、六カ月ごとに日本橋筋三〜五丁目の家屋取り払いの日限を設定することによって地主みずからに名護町の家屋を取り払わせることにあった。そして、その見返りとして千日前の興行にも期限（一八八八年一二月末）を定めることで、「千日前の分は自然名護町に移転する」（『大阪朝日新聞』明治二〇年七月二五日）という楽観的な観測のもとに、再開発を保証したのである。

建野が、「市区改正」の目的と利害を異にしない「土地改良委員」の主眼である遊廓の移転を認可せずあえて不充分な許可を与えたことに、彼自身の目的があくまで名護町の取り払いにあったことをみてとることができる。しかしながら、名護町の地主の要望にのっとった建野の構想は、一八八六年の「隔離」計画に比べた場合、その良し悪しは別として住人である「貧民」への配慮がまったくみられず、ただ「貧民の巣窟」としての名護町の「取払」または「撤去」というスラムクリアランスに変質してしまっていた。

地主たちの再開発計画

一八八七年の名護町の再開発計画について、橋爪紳也[27]は、知事の建野が名護町を「総合的な娯楽地区に整備しようと考えていた」と評価している。実際に、「土地改良委員」を中心にした地主たちは、「劇場諸興行物」の許可を受けて、さまざまな娯楽施設の建築を計画していた。名護町の地主である河原光太郎、吉田吉五郎らは、「三丁目の西側にハ中央に改良劇場及び茶店食堂等東側にハ花園、温泉、遊戯所等を建設し尚ほ劇場は洋風に建築し場内には長椅子等をも備へ附くる目論見」（『大阪日報』明治二〇年八月一四日）や、「仏国巴里府なるオペラ劇場に倣ひ宏壮美麗なる……新劇場を……建築する」（『大阪日報』明治二〇年九月一八日）という案を開示している。

この動向には、周辺地区の「地価」をめぐる投機家の思惑が反映されていることも見逃すことはできない。千日前の見世物小屋を移転しても余りある広大な跡地に、広田神社を含めた「公園地」を設営すること、あるいは近接する御蔵跡町・高津七〜九番町の住環境を「改正」した上で高津入堀川を難波蔵前の堀川へ接続し「汚水を疎通せしむる」こと（『大阪朝日新聞』明治二〇年七月二七日）、大阪鉄道会社の大阪停車場を設置することなど（『大阪朝日新聞』明治二〇年九月一五日）、民間から便乗したさまざまな開発も計画されていたのである。とくに、この地区の大地主である住友吉左衛門が計画した「新市街開設の計画」はその典型であった。

しかし、この夢のような「娯楽地区」として再開発する計画もはかなく潰え、実際にはただ道頓堀の相合橋から一直線に南下して日本橋筋四丁目の西側で紀州街道に交わる道路が新開されただけにとどまったのである。

7　都市統治のテクノロジー

かつてフランスの哲学者ミシェル・フーコー(28)は、「都市空間にはそれ自体の危険性」が存在するという認識にもとづいて、「統治性」という概念を提示した。たとえば、ペストのような疫病、都市騒擾、産業公害、あるいは都市に流れ込む「貧民」など、都市に固有の「空間的な問題」が近代化の過程で「新たな重要性」を帯び、そうした疫病や暴動を回避し、また「健康」で「道徳的」な家庭生活を保障するという目的をもった「都市の組織」もしくは「共同的な下部構造」の構築が、政治権力の働きと都市空間の関係の新しい局面を形成するというのである。この局面で作動するのが「統治性」であり、それにもとづく都市空間の管理にまつわるさまざまな技術が「統治テクノロジー」として位置づけられる。

本章で論じた、悪疫流行時の衛生行政と市区改正の計画にみられる「貧民」の「隔離」や上水道敷設を、フーコーにならって「都市空間の統治テクノロジー」と呼ぶこともできるだろう。実際に、フーコーは、都市社会の統治テクノロジーが、建築や都市計画において具現化されることを強調していた。

一八八〇年代の大阪で、このような都市統治論があらわれたことはきわめて注目すべきである。とくに、衛生問題の顕在化を背景として一八八六年に計画された「貧民」の「共有家屋」

への収容は、大阪で最初の「スラムクリアランス」計画として、そして「市区改正」の建議を経て計画された一八八七年の千日前の興行移転などによる名護町の「撤去」もまた、同様に「スラムクリアランス」計画として位置づけられるべき出来事であり、原田敬一[29]が最初に指摘した一八八六年の計画は、東京の「橋本町一件」と比較した場合でもその徹底ぶりが際立っており、日本近代都市史上のひとつの「発見」であると思われる。

このような都市統治のテクノロジーの系譜を追跡するだけにとどまらず、その後、「スラムクリアランス」計画はどのようなかたちで実現され流用されていったのかを明らかにする必要があるだろう。建野が執着した名護町（＝スラム）の取り払い（＝クリアランス）は、第二章で論じる一八九一年の大阪最初のスラムクリアランスに受け継がれることになる。

注

1　藤森照信『明治の東京計画』岩波書店、一九九〇年。
2　水内俊雄「近代都市史研究と地理学」『経済地理学年報』第四〇巻、一九九四年。
3　前掲、藤森『明治の東京計画』八九―一六一頁。
4　石塚裕道『日本近代都市論――東京：一八六八―一九二三』東京大学出版会、一九九一年、六三―八三頁。
5　原田敬一「治安・衛生・貧民――一八八六年大阪の『市区改正』」『待兼山論叢』第一九号、一九八五年。
6　橋爪紳也「明治二〇年大阪における市区改正構想について――建野郷三による都市施設移転計画」『昭和六二年度第二二回日本都市計画学会学術研究論文集』、一九八七年。
7　長谷川淳一「戦前期の都市計画――大阪を中心に」『不動産業に関する史的研究Ⅰ』日本住宅総合センター、一九九四年。
8 赤坂憲雄『異人論序説』ちくま学芸文庫、一九九二年。
9 大阪府編『虎列剌予防史』大阪府、一九二四年。
10 大阪市立桃山病院『大阪市立桃山病院一〇〇年史』大阪市立桃山病院、一九八七年。
11 前掲、藤森『明治の東京計画』六九―七三頁。石田頼房『日本近代都市計画史研究』柏書房、一九八七年、六九―一二五頁。
12 藤森照信編『日本近代思想体系一九 都市 建築』岩波書店、一九九〇年、一五―一六頁。
13 吉田伸之「江戸の〈民衆世界〉と橋本町一件」（藤森照信編『日本近代思想体系一九 都市 建築 付録（月報一七）』岩波書店、一九九〇年）五―八頁。
14 前掲、石田『日本近代都市計画史研究』六九頁。
15 前掲、藤森『明治の東京計画』七二頁。
16 大阪市役所『第一次大阪都市計画事業史』大阪市役所、一九四四年、一三頁。
17 前掲、藤森『明治の東京計画』一二七―一六一頁。
18 前掲、長谷川「戦前期の都市計画」一二八頁。
19 大阪府内務部『大阪府会史 第一編』大阪府内務部、一九〇〇年、五一八―五一九頁。
20 水道敷設事業については、加来良行「近代水道の成立と都市社会――大阪市営水道を中心に」（広川禎秀編『近代大阪の行政・社会・経済』青木書店、一九九八年）八一―一二四頁を参照。
21 前掲、大阪市役所『第一次大阪都市計画事業史』一三頁。
22 前掲、大阪市役所『第一次大阪都市計画事業史』一四頁。
23 前掲、藤森『明治の東京計画』一三六―一四六頁。
24 前年の一〇月に行なわれた「貧戸」移転数の発に際して、警察本部は道頓堀の劇場座主および俳優に対して「名護町人家取払跡の空地へ更らに五座合併の一大劇場を建築し」て移転するように通達しており（『大阪日報』明治一九年一〇月三日）、今回の構想はこの時に端を発している可能性もある。
25 鈴木梅四郎「大阪名護町貧民窟視察記」（西田長寿編『都市下層社会』生活社、一九四九年（原著は一八九〇年））

二五九―二六〇頁。
26 小田康徳「千日前興行場等禁止令と長町取払い計画」『大阪の歴史』第一九号、一九八六年。
27 前掲、橋爪「明治二〇年大阪における市区改正構想について」。
28 ミシェル・フーコー「空間・知そして権力」(『ミシェル・フーコー思考集成 IX』筑摩書房、二〇〇一年〔原著は一九八二年〕)。
29 前掲、原田「治安・衛生・貧民」。

第二章　「名護町」取り払い計画
――大阪初のスラムクリアランスをめぐって

1　はじめに

江戸時代の都市化に端緒をもつ近代期の大都市スラムは、明治中期以降、都市部の人口増大とともにさまざまなかたちで世間の耳目をひくこととなる。大阪の南区（現浪速区）日本橋筋三～五丁目にあたる旧「名護町《なご》」（「長町」とも呼ばれた）は、東京の神田橋本町、四谷鮫ヶ橋、下谷万年町、芝新網町などの大スラムにも比肩するとされた街区であり、いくつかの局面で差別的なまなざしのもとに「流行病の巣窟」、「貧民の巣窟」、「不潔家屋」、「貧民部落」などとして多くのルポルタージュや新聞記事をつうじて表象されると同時に、社会的に改良されるべき場所として都市政策の対象となった地区である。本章は、この近代大阪最大のスラムである名護町が、明治中期（一八八五～一八九一年）の衛生行政の介入によって解体された実態を明らかにし、大阪で最初に実行されたスラムクリアランスと位置づける。

すでに第一章で参照した、一八八一（明治一四）年の東京府における「神田橋本町スラムクリアランス計画」に関する藤森照信[1]と石田頼房[2]の研究は、ここで論じる大阪における明治中期のスラムクリアランスの計画と実行のあり様を考察するに際してとくに参考になる。この神田橋本町の事業を、藤森は明治初期特有の防火計画における「スラムクリアランス」として分析し、石田も積極的に「日本最初のスラムクリアランス」と位置づけた、きわめて注目される地区改造の事例である。本章で、大阪府が「名護町」の「取り払い」を目的として次々に打ち出した計画を「スラムクリアランス」と位置づけるのは、両者の論を先例としてのことである。

しかしながら、吉田伸之[3]は同じく神田橋本町の「スラムクリアランス」を素材にしながら、まったく別の論を立てている。すなわち、近世以来の都市の「民衆世界」は裏店《うらだな》の空間に展開する開放的な「木賃宿」を基部にして存立しており、明治期の橋本町もその社会構造と近似的な性格を有する地区であったことを指摘した上で、「明治の権力」が、こうした「民衆世界」という「貴重な基部をスラム視し」、「帝都の近代化」のために「一洗」をはかった、と結論づけるのである。さらに藤森と石田の論考については、「橋本町＝スラムとする府当局者の認識を自明の前提としていること」、「近世期の橋本町と、その『近代化』の意味を問うていないこと」を厳しく指摘した。

こうした吉田の指摘を踏まえて、本章では近代的な都市空間の形成過程で構成された「名護町」という特定の地区を問題化する思想を、政治的・社会的・文化的な文脈のなかで捉え返す、

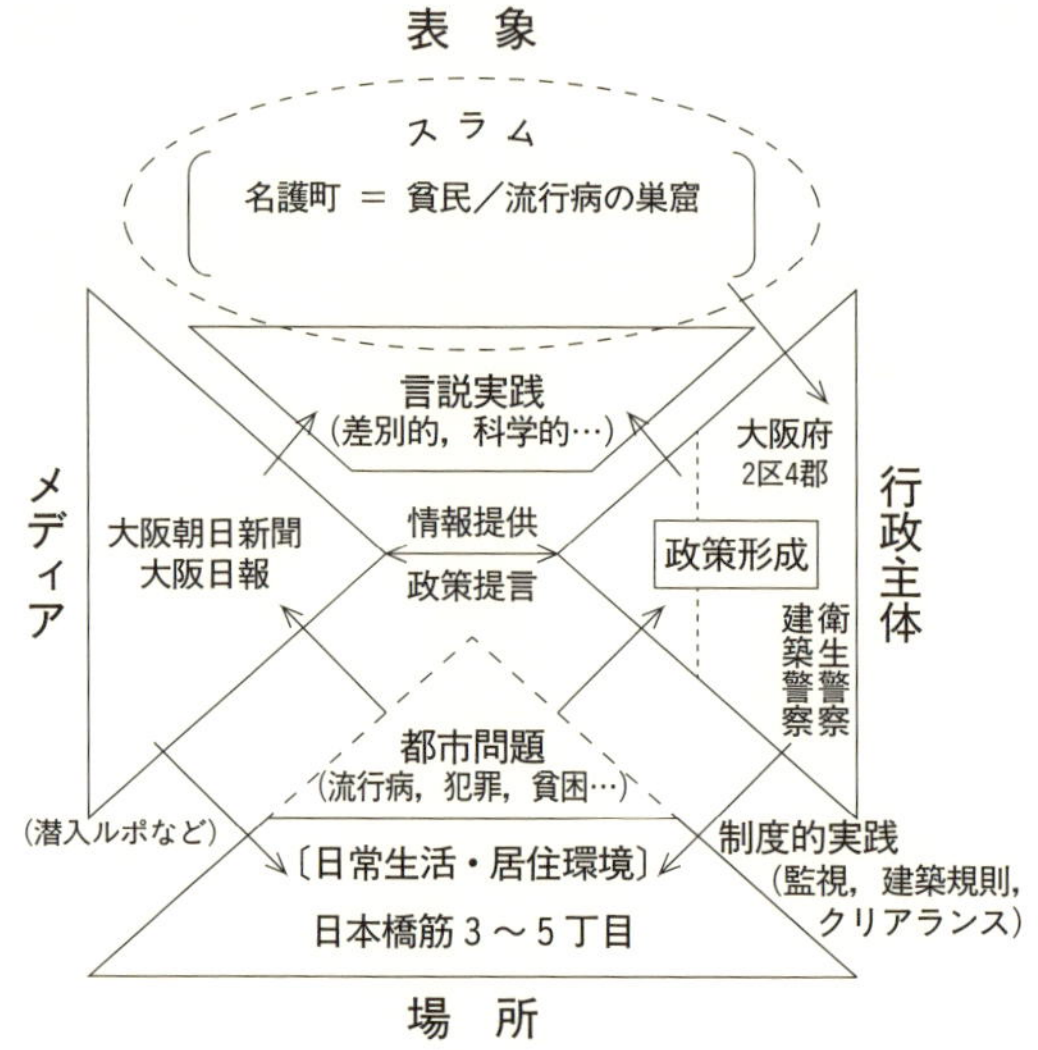

図４　場所−表象を軸としたフレームワーク

つまり、「名護町」という場所が、差別的な言説によって「スラム」として表象される形式とその文脈を探究し、その上で地区改造の事業計画とその帰結を記述することにしたい。

ここでの問題意識を明確にするために、**図4**を参照しながら、「名護町」がクリアランスされるにいたる過程を、便宜的に四つの段階に分けて概念的に整理しておくことにしよう。

①日本橋筋三〜五丁目は、雑業に従事する都市下層民の居住地であり、住民たちの「日常生活」が営まれる「場所」である。また、「日本橋筋〇丁目」という表記は、南区の正式な町名である。②大阪市街地におけるコレラの流行時に、日本橋筋三〜五丁目は、数多くの患者を出したことから、大阪府の衛生行政と新聞メディアの「言説実践」をとおして差別的なまなざしが向けられる対象となる。そして、かつての町名である「名護町（長町）」

と「貧民の巣窟」、「流行病の巣窟」、「犯罪者の巣窟」とが結び付けられることによって、「スラム」という社会的な「表象」が生産されるにいたる。つまり、都市問題（コレラの流行）を媒介にして①から②への移行が起こる。③大阪府では、官僚（知事、衛生課長）の主導のもと、防疫策としての衛生・建築制度（「清潔法」、「長屋建築規則」など）が体系化され、それを実施する警察権力が強化される。とくに、衛生・治安の観点から「スラム」として表象された「名護町」の生活様式や居住環境を問題化し、政策の課題を町全体の取り払い（＝クリアランス）へと絞り込んでゆく。④そのような政策課題の明確化を受けて、警察権力の介入をともなう法令・規制が実施される。この「制度的実践」によって、「名護町」の一部は実際に取り払われ改良されるのである。

2　名護町の概観

起源は元和五年

本論に入る前に、大阪市役所教育部の調査資料「大阪市ニ於ケル細民密集地帯ノ廃学児童調査ト特殊学校ノ建設ニツキテ」(4)に記録されている「日本橋方面細民窟ノ沿革」にもとづいて、名護町を歴史地理的に概観しておこう。

此ノ地一帯ハ大阪市最古ノ細民窟ニシテ元長町《ナゴ》ト称シ（或ハ名護町、名呉町）雄略天皇

ノ時呉ヨリ呉織羅織ノ織女ヲ献ス其ノ時船ノ着キタル所ナリト云フ

元和五年（秀忠ノ時）東町奉行久貝因幡守此ノ地ニ旅籠十軒ヲ許可ス当時全市二十三軒ナリシカ此ノ長町ノ十軒ヲ除キ他ハ曽根崎ト八軒家トニ配置セリ之レ大阪旅館ノ嚆矢ナリ当時長町ハ市ノ南端ニアリシヲ以テ何時シカ細民下層労働者其他悪漢無頼ノ徒ノ巣窟ノ地帯ト化セリ

寛文三年時ノ町奉行石見守更ニ同町裏手一帯其他ニ木賃長屋ヲ建テ是等細民ノ便ヲ図ルト共ニ一方風紀ノ悪シキ下層労働者ニ対シテ此ノ地以外市内ニ居住一切相成ラスト厳達セリ而シテ要所々々ニハ足溜場ナル労働寄場ヲ設ケ旅篭屋ノ支配下ニ属セシメタリ

其後長町ノ繁栄次第ニ加ハリ諸国ヨリ入リ込ムモノ多ク合邦ヶ辻辺ハ西国巡礼其他乞食非人ノ野宿所トナリ体裁極メテ見苦シカリシカハ合邦ヶ辻閻魔堂西北隅一帯ノ地ニ木賃屋仮棟二十余ヲ許シコレ等ノ乞食ノ類ヲ収容セリ

固ヨリ悪漢無頼及ヒ下層細民ノ多カリシタメ風俗乱レ賭博其他罪悪ヲナスモノ多ク彼等互ニ相庇フノ風アリ時ノ与力同心モ手ノ付ケ様ナク始メノ中ハ宿屋業者ヨリ年行司二人ヲ選ヒ後ニハ年番十二名ヲ置キ是等ト連絡シテ不正者ヲ取締リタルモ遂ニ力及ハス殆ント悪徒ノ隠レ場所タルノ観ヲ呈セリ

茲ニ於テ又与力同心ノ下ニ抜群豪胆ノ者三十名ヲ選ヒ千日前竹林寺裏ニ出張セシメコレ等悪徒ノ取締ニ備ヘ探偵捕縛ノ任ニ当ラシム此ノ竹林寺ノ出張所ヲ俗ニ「塀ノ内」ト称シ

悪徒モ此ノ出張所ノ人々ニハ多少辟易シ畏敬シタリト云フ
古老ノ言ニ依レハ此ノ「塀ノ内」ハ明治五六年頃マテ存シ之レニ従事セシ人ハ概ネ青楼ノ主人ナリシカ如シ
前述ノ如ク長町ハ悪漢無頼其他下層細民ノ巣窟タリシタケ社会一般ノ排斥スル所トナリ長町ノ住民ト聞ケハ何等信用ナク心アル住民ハ深ク之レヲ憂ヘ明治五年時ノ府権知事ニ嘆願シテ今日ノ如ク日本橋筋ト改称セリ

この資料に記された内容を、大阪市社会部調査課編の記述(5)で補い概略をたどると、大阪市街地南端の紀州街道（堺筋）に沿って南北にのびる名護町の起源は、一六一九（元和五）年、東町奉行久貝正俊がこの地に旅籠一〇株を許可したことにさかのぼる。都市化とともに「下層労働者」やその他の「悪漢無頼ノ徒ノ巣窟」となった名護町に、一六六三（寛文三）年に町奉行石丸定次が再度二〇株を与えて長屋を建設し、さらに一六六六（寛文六）年の新町火災に際しては、名護町ほかに木賃宿一〇六軒を建設して「細民」に提供するとともに、「風紀ノ悪シキ下層労働者ニ対シ此ノ地以外市内ニ居住一切相成ラスト厳達」した。その後に「合邦ヶ辻」付近が西国巡礼の行路者や「乞食非人ノ野宿所」となって「体裁極メテ見苦シカリシ」ゆえに、一八六一（文久元）年に町奉行が名護町に援助して木賃宿二〇棟を建設し、「乞食ノ類ヲ収容」する。しかし、「悪漢無頼及ヒ細民ノ多カリシタメ」に「風俗乱レ賭博其他罪悪ヲナスモノ多ク」、「悪徒ノ隠レ場所タルノ観ヲ呈」していたという。

江戸期の名護町は一〜九丁目からなっており、一〜五丁目では「商売が可成り繁昌して正業者が多く、貧窮者は少なかった[6]」ものの、前述のような状況から名護町全体が「社会一般ノ排斥スル所トナリ長町ノ住民ト聞ケハ何等信用ナク心アル住民ハ深ク之レヲ憂ヘ」て、一七九二（寛政四）年には長町一〜五丁目までを日本橋筋一〜五丁目と改称し、さらに一八七二（明治五）年三月に、日本橋筋一〜五丁目と旧町名のままであった長町六〜九丁目を合わせて、日本橋筋一〜五丁目と改称するにいたる。これによって、本章の対象とする明治中期には、旧長町六〜九丁目に相当する日本橋筋三〜五丁目の街区が「名護町」と呼ばれることとなった（図5）。

明治期の名護町

つぎに、このような歴史的過程で形成された明治期の名護町の居住環境も概観しておきたい。名護町は、神田橋本町に類似する町の構造を有していたようである。つまり、表通りには「旅人宿」（木賃宿）を営む家主の家屋（表店）が東側に一七軒、西側に二三軒ずつ南北の道路に沿って立地し、それぞれの家屋の裏店として、家主の経営にかかる裏長屋が東側に五二軒、西側に五一軒ずつ所狭しと軒を連ねていた（『商業資料』明治二九年二月一〇日）。裏長屋への出入りは、家主が設置した表通りの木戸を通り抜けなければならず、住人の七割が「日極《ひぎめ》」の家賃を、木戸を通る際に支払っていたようである[7]。「日極」による賃借は、その日暮らしの生活が営まれていたことを裏付けると同時に、流動性の高い（都市下層）社会の形成を示している、と言えるだろう。「南区日本橋筋四丁目辺は貧乏人の巣窟ともいふべき所にて家賃の如きも他とは違ひ一日一

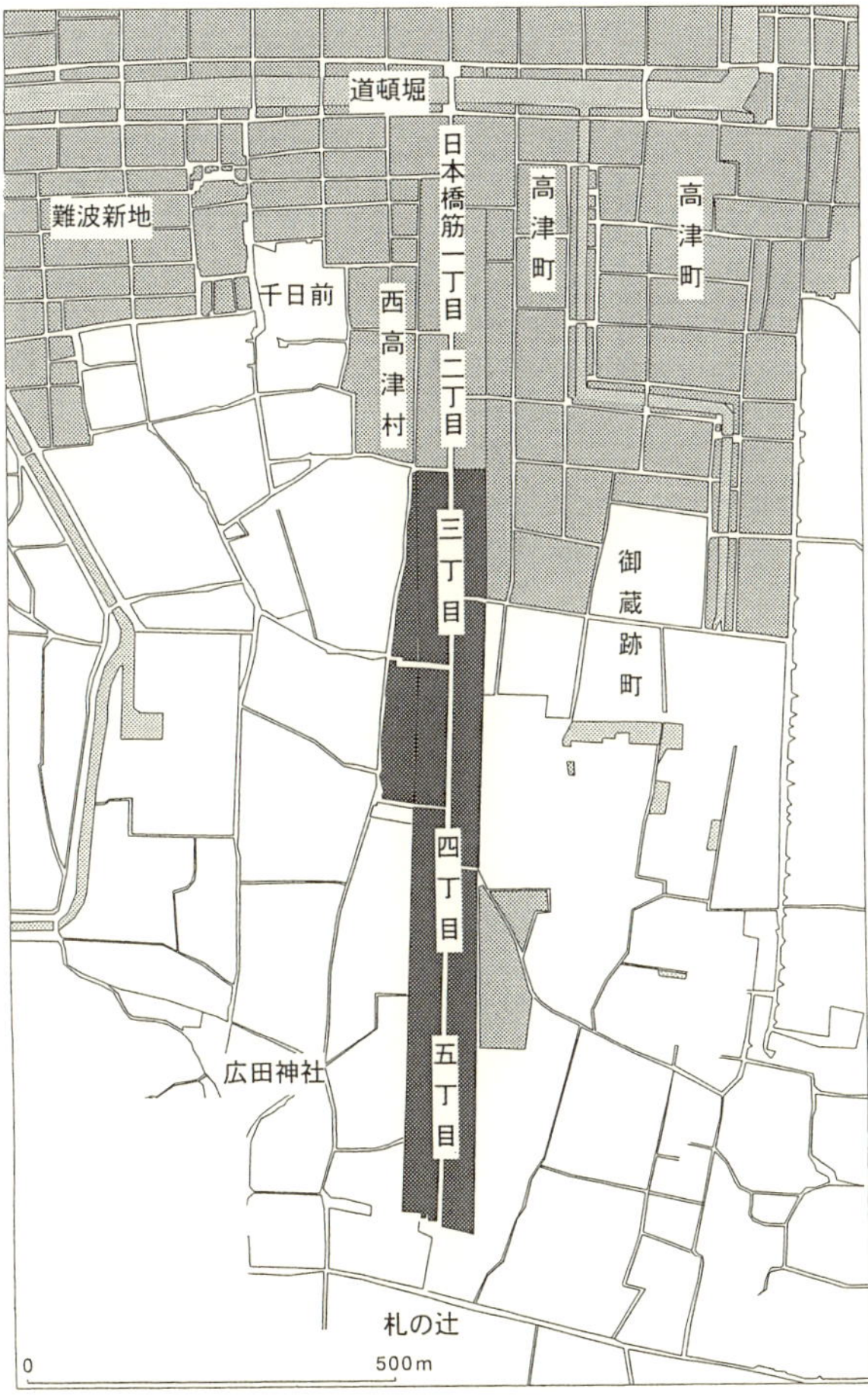

図5　「名護町」とその周辺
「大阪市中地区町名改正絵図」（1875年），「大阪実測図」（1887年）をもとに作成

銭乃至二銭と日々取立つるの例となり居る」（『大阪朝日新聞』明治二三年三月二三日）という指摘もみられるので、「日極」という賃貸形式は、「貧乏人の巣窟」に固有のものと一般的に考えられていたのかもしれない。

一戸の規模は狭いもので間口一間、奥行九尺で、三畳分の広さしかなかったという。このような居住空間を有していた名護町住民の生活様式を知ることのできる資料は少ないが、つぎの記述は居住・生活様式の一端を垣間見せてくれる。

無数の貧民ハ彼等が夫婦、兄弟、或は老媼《じじばば》と餓鬼大将とを合して六七人〔六〜七人〕客車的の城廓に団欒して生活をなせるにてありき、而して彼等の城廓として常住起臥眠食せる処のものハ、一間間口に、奥行一間半、其の三方は壁にして一方ハ明り取り、室の真中に窓を穿ち其の傍に入口あり、完全に畳を敷けるは、希有にして、多くは荒根板の上に薄薦を敷けるもの多し、其の家財として見るべきものは……大和炬燵一ツ、煎餅布団一枚（悉く賃借物）、土釜一ツ、茶碗五ツ（中に欽けたるもあり）、桶二ツ、味噌こし一ツ、彼等が世体道具は概して此れに過ぎざりしなり、かく単純なる寧ろ乞食然たる境界にありて、雨天に閉篭られざる限は其の日常執る所の稼業によりて夫は幾分かの稼ぎをなして辛ふじて一家の糊口を支ふるにてありき

（『商業資料』明治二九年二月一〇日）

この記述では、名護町住民の「稼業」は「乞食然」たるものとされているが、実際には**表3**に示されるような構成となっている。「乞食」は全体の八・五％に過ぎず、全体の七〇％以上を占める雑業には「傘の骨を削るもの、櫛を磨くもの、燐寸の箱を貼るもの、飲食物を小売するもの、屑拾ひ、煙仕替へ、土方、人力車夫、磨砂売り」などが含まれた。「煙仕替へ」は羅宇《らお》（煙管の火皿と吸口とを接続する竹管）を替えることを業とする者で、いわゆる「ラオ屋」である。さらに、「傘の骨を削り又は轆轤を作る職人は多く三丁目の裏借家に」、「燐寸の箱を貼るものは四丁目の裏借家に」、「五丁目の裏借家に住するものは大抵古木紙屑等を拾い歩くものにて前の二者よりは生活の度更に低くこのうちにはただ日々四方に徘徊するのみにて定業なきもの」が多く住んでいたとされ（『大阪朝日新聞』明治二三年五月一六日）、日本橋筋三〜五丁目を「名護町」として括ることのできない、職業に応じた居住分化がみられたようである。

表3　名護町住民の職業構成

業種	15年以上	15年以下	計
「紙屑拾い」	735	867	1602
「雑業」	4629	2528	7157
「乞食」	487	341	828
「無職」	87	40	127
合計	5938	3776	9714

『大阪朝日新聞』（明治23年5月16日）より作成

「窮民ノ集ル処」

以上のように、江戸時代に起源を有し、都市下層民の集住する長屋・木賃宿の密集地区であった名護町は、一八八〇年代以降、府や警察によって、改良あるいは移転などの対策をとるべき地区として認識されるようになる。たとえば、一八八二年に政府から派遣された巡察使槇村正直（元老院議官）は、名護町を視察してつぎのように述べている。[8]

日本橋以南長町モ亦窮民ノ集ル処ニシテ高津新地ヨリ一層甚シク且ツ多シ　道路ニ棄タル廃物ヲ拾ヒ帰ルアリ　魚鳥ノ臓腑ヲ持帰リ食フアリ　此処ニテハ業ヲ為スモノヲ見ス　食スルニ非サレハ必ス昼寝ス　是レ則チ窃盗掏摸賊徒ノ巣窟タリ　其居ル処壱坪ニ竈鍋蒲団各壱ヲ添ヘテ一日ノ借料二銭六厘ト云　宜哉夜行ノ徒昼間身ヲ隠ス処タルコト

そして、隣接する地区（高津新地）と合わせて、「勧業課ノ処分宜シキヲ得ハ、或ハ良民トナルヘキモアラン」とし、「貧民ノ集処スル」同地区の改良の必要性を説いた。槇村につづいて、一八八四（明治一七）年には、東京憲兵隊本部長の三間正弘が名護町を巡視した。[9]だが、名護町が衛生、治安の観点からより一般的に問題化されるのは、三間が来阪した翌年のことである。

3　コレラの流行と「貧民」の移転計画

コレラの流行と衛生行政

一八八五〜一八八六年にかけて、大阪の市街地ではコレラが大流行し「猖獗ヲ極メ」た。[10]大阪府は、「悪疫の伝染を予防するの道ハ種々あるべけれど……尤も其効ある」（『大阪朝日新聞』明治一八年一〇月一六日）とされた一八八一年制定の「伝染病予防規則」の付則「交通遮断」をもって防疫にあたる。一八八五年一〇月一六日、市街地で最初の交通遮断が日本橋筋四～五丁目の裏長屋に対して実行された。「南区日本橋筋四丁目二十五番地の裏長屋塩川利兵衛といえるものが虎列拉にかかりしより南検疫支部にては塩川方の対屋三軒と両隣とを取こみて竹の垣を結廻し以てその処との交通を遮断せられこの竹の垣の中に居る人民二十八九人へハ戸長役場より粥を与え居り」。そして「右の竹垣の外にて虎列拉を発せし者一人ありたるより此度は右裏長屋二十五軒の人民悉く交通を遮断」（『大阪朝日新聞』明治一八年一〇月一七日）した。

　第一章で確認したように、コレラ患者宅の両隣とその向かい三軒を「交通遮断」するのが一般的であったが、この場合は遮断した家屋の外側で発病者が出たために、裏長屋すべてを遮断するにいたっている。「交通遮断」の目的はいうまでもなく、保菌の可能性のある居住者をその住居内に監禁することによって他所との交通、周辺住民との接触を断ち、市内に蔓延するのを防ぐことにあったわけであるから、ときには脱走者を見張るための巡査を立てることもあった。

　この流行では当初から、「南区中虎列拉の最も多きところは日本橋筋三四五丁目の三ヶ町にてその病勢も太だ激烈なり」とされ、「途に発病して倒れ居りし者も少なからず又裏長家に発病者ありてその対屋三軒両隣の竹垣を結びて交通を遮断せられしヶ処那首這首《あちこち》にあり」（『大阪朝日新聞』明治一八年一〇月二一日）という状況であったため、日本橋筋三～五丁目は、初発から一週間もたたないうちに「虎列拉の巣窟」と新聞紙上で位置づけられている。

そして、日本橋筋にコレラが流行するのは、「此辺の家は二畳乃至三畳位ゐの矮屋のみにて然も其一間の内に夫婦二人暮すは稀にて大体二夫婦の上に老たる父母あり幼き子あり其雑居甚だしきより自然病を発する者多く且伝染するも亦速かなる」（『大阪朝日新聞』明治一八年一〇月二四日）ためとされ、「矮屋」であるという居住環境とそこに多数の人間が「雑居」するという居住形態に原因が求められている。さらに、「日々市中を徘徊する乞食らは大抵この処（日本橋筋）より出ることゆえ右乞食們が同病蔓延の媒とならん」（『大阪朝日新聞』明治一八年一〇月二七日）とし、市中にコレラが「蔓延」する原因さえも日本橋筋とその住民に帰されていた。つまり、当該期のコレラ流行が「日本橋筋の住民＝乞食＝コレラの媒介」という観念的な図式を成立させたのである。

では、この過程で「日本橋筋」はどのように表象されていたのであろうか。たとえば、「流行病の巣窟」と題した記事では、「南区日本橋通四丁目五丁目の両町（旧名護町）には年中伝染病の跡を絶たず……元来此地たる貧民の巣窟にして衣食住とも衛生に適さざるは無論なれば其病原も種々なるべし」（『大阪朝日新聞』明治一九年三月二五日）とし、「年中伝染病の跡を絶た」ない地区であることを、「衣食住とも衛生に適」していないという生活様式の点から説明している。このようにして、「日本橋筋」という町名の一地区を言説の領域で異化し差別視することによって、「流行病の巣窟」＝「貧民の巣窟」という表象を生み出し、かつての町名である「名護町」をあえて持ち出してこの事態に結びつけることで、「名護町（長町）」と言えば「貧民の巣窟」を意味するというような場所のイメージあるいは心象の地理を構築するにいたった。

当時、大阪府の衛生行政に多大な影響力をもっていた大日本私立衛生会大阪支会は、一八八五年度のコレラ流行が「日本橋筋の一局所」に集中していたことをきわめて重くみており（『大阪朝日新聞』明治一九年五月一四日）、同支会は、後述する「長屋建築規則」の制定を急ぐとともに、流行病の予防と防疫を目的とする「清潔法」（一八八六年六月告示）の素案を策定したのである。

昨年虎列拉病流行の余焰全く消滅せず本年尚再燃し一時は病勢頗る猛劇にして実に不容易景況なりしに昨今に至り稍其数を減ずと雖も此際病毒撲滅法並清潔予防に一層注意せざれば追日炎熱に向ひ如何なる惨状を見るに至るも難計に付本年虎列拉病患者ありし家宅は勿論其他近傍接続の場所は便宜大掃除執行候条各自に於ても前顕の旨趣に依り清潔予防に注意すべし（但溝渠並井戸便所等の構造不完全のものは改修を為さしむることあるべし）

（『大阪朝日新聞』明治一九年六月一三日）

「清潔法」は当然のごとく「日本橋筋（旧長町）の……裏長屋」を対象として実施された。その模様は、まず南区長が「清潔事務施行を要する民家等を巡視」した上で、およそ一五〇人の人足が名護町のコレラ患者を出した家屋の床下の土を六寸、その棟つづきの家屋の床下の土を三寸掘り取って空き地へ捨て、その跡へは川を浚渫した土砂を埋め、さらに患者宅の畳をすべて焼き払うというものであった（『大阪朝日新聞』明治一九年六月一二日、六月一三日、六月一五日）。

以上のように、コレラの流行を契機として、日本橋筋は「流行病の巣窟」として表象され、「交通遮断」による監視・包囲の体制から、「清潔法」による衛生行政の介入を招き、「名護町（長町）」というかつての町名が「貧民の巣窟」という言説に結び合わされつつ、いよいよ解体されるべき場所として構築される段階へと進む。

一八八六年名護町「貧戸」の移転計画

悪疫対策にあたっていた府知事の建野郷三は、府衛生課長で検疫副本部長を兼ねていた平田好や府警本部長であり検疫本部長を兼ねていた大浦兼武らとともに、一八八六年八月から一〇月にかけて、名護町をはじめ市街地周辺各所に散在する「貧戸」（「貧民」）の大々的な移転計画を打ち出す。八月に作成された原案（以下、「原案」と略）で一八六七戸、「原案」をベースにして九月に提示された案（「九月案」）で二七〇〇戸、「九月案」を手直しした一〇月の案（「十月案」）で二二二五戸の「貧戸」を市外に移転させ一カ所に囲い込もうというのである（表4）。第一章では、この「原案」から「九月案」・「十月案」にいたる一連の計画を「貧民の隔離計画」と位置づけて論じた。ここでは、「隔離」のあり方ではなく、「移転」の前提となる名護町の「貧戸」、すなわち「不潔家屋」の取り払いをめぐる建野らの構想と施策を検討することにしたい。

移転計画「原案」

一八八六年八月三日、「日本橋筋三丁目ヲ始数町村人民移転之件」と題するつぎのような「原案」[11]が各郡区長（東区長宮崎鉄幹、西区長立石包正、南区長渡辺県、北区長増田潤、西成郡長田辺密）に諮られた。

表4　「貧戸」の移転数

	原案	九月案		十月案	
	戸数	戸数	人数	戸数	人数
日本橋筋３丁目	89	626	1878	500	−
日本橋筋４丁目	389	856	2568	746	−
日本橋筋５丁目	494	809	2427	678	−
計	972	2291	6873	1924	−
大阪全体	1867	2700	8100	2225	7211

原田敬一「治安・衛生・貧民」,『大阪日報』（明治19年10月１日）より作成

府下南区日本橋筋三丁目以南ノ数町ハ俗ニ之ヲ長町ト称シ、古クヨリ矮屋櫛比軒ヲ重ネ毫モ空地ヲ余サズ。而テ其住民率ネ無籍無産ニシテ、適々業ヲ営ムモノアルモ、グレ宿ト唱木賃宿ノ外ナク、其為ス処出テハ市街ニ食ヲ乞ヒ入テハ賭博ヲ事トナシ、徳川氏執政ノ始ヨリ同所ヲ以テ四方悪漢ノ隠遁所ト号シ一土風ヲ為スモノ茲ニ数百歳、明治改暦以降着々面目ヲ改ムルニ似タリト雖ドモ、慣習ノ久シキ仍ホ其住民タル一朝僥倖ノ利ヲ得ルトキハ数銭ヲ擲テ酒食ニ飽キ、其不利ナルトキハ裸体ニ数日ヲ送ルモ以テ意トナサズ、妻子ハ常ニ海藻ノ如キ襤褸ヲ纏フテ市ニ紙片ヲ拾ヒ、飢レバ門ニ食ヲ乞フ、実ニ一種無比ナル難民ニシテ凡犯罪者ノ此門ニ出デザルモノ稀ナリ。而シテ他府県ノ徒罪ヲ犯ス時ハ必ズ先ヅ走テ茲ニ投ズ。其之ヲ隠匿スルヲ仁

俠トシ、自ラ称シテ死決隊ト呼ブ。

故ニ市街ノ良民ハ、凡ソ長町者ト云ヘバ由シヤ其徒ニアラザル〔カト〕、栗テ蛇蝎ノ如ク恐レ疫癘ノ如忌ム。而テ其居住タル常ニ不潔ヲ極ムル、言語ノ能ク竭スベキニアラズ。

今ヤ刺病ノ猛烈ニ方リ其患者ノ最モ多キヲ視ルモノ実ニ該町ヲ以テ最トシ、之ト彷彿タルモノ同区ノ高津町八ヶ町ヲ始メ別表ニ掲グル数町及ビ四区ニ接スル難波村（西成郡）、之ニ亜グモノ高津村・上下福島村（同郡）ノ三村トス。此数町村ノ民情ナリ不潔ナリ、亦長町ニ譲ラズ。今試ニ明治十五年ヨリ同十八年ニ至ル前数町村ノ内最甚シキ長町・高津町及西成郡三村ノ刺病ヲ計算スルニ、其数五百人ニシテ、之ヲ南区及西成郡ノ総数ニ比スレバ殆ンド三歩ノ上ニアリ。又窒扶斯ノ如キ、凡六伝染病ノ患者ハ四百五十四人ニシテ、是又三歩ノ上ニ出ヅ。其不潔ノ誘導スル処炳然争フベカラザル事実ニシテ、悪疫ノ我府下ニ浸染スル、蓋シ偶然ニアラザルナリ。抑モ虎列刺病ハ往時安政年間ニ始マリ爾来内国絶テ其跡ヲ見サリシモ、降テ明治十年以来各地非常ノ猖獗ヲ極メ、就中大阪地方ノ如キ殆ド年トシテ此災害ニ罹ラザルナク、況ンヤ将来外交倍々頻繁ヲ加ルニ従ヒ、啻ニ内地ノ伝播ヲ防グノミニ止ラズ、海外輸入ノ予防モ亦決テ等閑ニ附スベキニアラズ。

仮令当地ノ特発ニ係ラザルモ内外何レノ地ニカ発生スルコトアレバ忽チ府下ニ誘発スルヤ疑ヲ容レズ。前途ヲ回想スレバ実ニ府民無上ノ不幸ニシテ誓テ此ノ悪因ヲ掃浄セズシテ止ムベカラザルナリ。目今府下飲水ノ改良ト清潔法トヲ立、併テ長屋建築法ヲ設ケ之ヲ施スニ方リ、該町村ノ如キ、譬バ其不潔ヲ掃除シ或ハ不良ノ井ヲ封ズルモ、常ニ其食フ処ノモノハ恐ラク人ノ与ルニ任シ腐敗ト否トヲ撰ニ遑ナク以テ糊口ヲ為スノミナレバ、之ニ地方公費ヲ投ジテ清潔法ヲ行ヒ或ハ不良ノ井ヲ封ズルハ、恰モ水面ニ向テ画クト同ジク寔ニ徒労ト云フベキノミ。抑モ府下本年初発ヨリ七月三十日迄ノ刺病患者総数一万千〇五十八人ニシテ、内死歿八千五百十五人、避病院ノ新旧設立ニ係ルモノ八ヶ所ノ多キニ至リ、予防ニ費ス処殆ト拾万円余、其営業ニ影響ヲ来スノ損失ニ至テハ万金百ヲ以テ算スベク、吏員ノ如キハ昼夜粉骨身ハ只予防ノ犠牲ニ供スルモ病勢益々猖獗ヲ極ムル所以ノモノハ、主トシテ清潔法ノ施シ能ハザルモノアリテ終ニ此悪果ヲ致シタルノ外ナシ。而テ其勢ヲシテ猖獗ナラシメ終ニ数千ノ生霊ヲ害スルノ媒介トナリ種子トナリタルヲ論ズレバ則長町外数町村ニ原因ス。故ニ即今施ス処ノ長屋建築改良ハ最該町村ニトリ急務ニシテ施サザルヲ得ザルハ経験上毫モ疑ハザル処、而テ此方法ヲ敷衍セントスルニ方リ、市街裏屋ノ如キハ其一町中甚ダ多カラザルニヨリ、之ヲ改築スル亦大ニ難事ニアラズト雖ドモ、彼ノ数町村ノ如キハ其数僅々ナラザレバ、数百年来貧民ノ巣窟ヲシテ一朝遽ニ之ヲ撤却スルトキハ忽チ部民ノ住所ヲ失フベク、故ニ先ヅ市外ノ田圃ヲ購ヒ、更ニ家屋ヲ建築シ之ニ移転セシメ、而シテ其費金ハ町村ノ負担トシ、別紙概算ノ如ク年々其収得ヲ以テ之ヲ償却セバ、将来四区西成郡ニ於テ病災ヲ防グノ利益実ニ僅少ナラズ、費用モ亦巨額ヲ減ズベシ。仍テ特ニ四区及西成郡ノ連合町村会ヲ組織シ、之ヲ町村費ノ支弁トセントス。但其之ヲ地方税ノ支弁トセザルモノハ独区部ニ止ラズ郡部中ノ一部落ニ関係ヲ有スルガ故ナリ。

この「原案」に示された論点を整理すると、南区日本橋筋の俗称である「長町」は、「矮屋櫛比軒ヲ重ネ……グレ宿ト唱木賃宿」が多数存在する地区であり、その住民は「無籍無産」が普通で「裸体」で生活することも意に介さず、その妻子は「襤褸」をまとって「紙屑拾い」や「乞食」をなし、また「犯罪者」を「隠匿」することを「任侠」としてみずからを「死決隊」と称しているとする。さらに、流行病の多発地区であることを数値から示した上で、冒頭のような名護町とその住人の差別的な位置づけと合わせて悪疫流行の原因（「悪因」）であると決めつけている。ここからその対策として導かれるのが、「矮屋」や「木賃宿」が軒をつらねる「日本橋筋三丁目ヲ始数町村」の住人を、「市外ノ田圃」に家屋を建築して移転させた上で、「貧民ノ巣窟」たる「長町」に「長屋建築規則」（後述）を適用して家屋を撤去するというものである。

新聞論説に示された理念

『大阪朝日新聞』（明治一九年八月一七日）は「旧名護町に在る不潔なる裏長屋の移転を決行する」というこの事業計画を、「当府民にしては美挙とも称すべき事柄」と位置づけ、「旧名護町人家の移転」と題された論説（『大阪朝日新聞』明治一九年九月四日）を掲げ、公式の文書にあからさまに示されることのない、この事業の理念をより明確に指摘している。

論説「旧名護町人家の移転」は、まず「旧名護町」を「不潔汚醜の場所にして貧民の巣窟悪漢の淵叢」と位置づけた上で、つぎのような主張を展開した。すなわち、①大阪が「不潔汚醜」と言われるのは、「旧名護町に矮屋陋巷《わいおくろうこう》」があるからである。②大阪に「偸盗掏摸《どろぼうすり》」が多いと言われるのは、「旧名護町より罪人を出す」からである。③大阪に「悪風俗」があると言われるのは、「旧名護町に破落戸《ならずもの》博徒」が居住しているからである。そして、④大阪に「悪疫」が流行するのは、「旧名護町より数多の伝染病者を出す」からである。そして論説は、この四つの問題点が、「名護町」の居住様式に起因するとみなす。

多くは一戸の内を数画に区別し一室の内数人相住み南土の者も北越の者と膝を接し東奥の者は西薩の者と枕を併べ其状恰も街道筋の木賃宿若くは安泊と称する物と一般にして而て尋常の木賃宿安泊の如きは僅に一夜の宿客を泊せしむるに過ざれども旧名護町人は長きは数年短きも数月間此の如して生計を為すものなり故に一戸の内は小長屋の如くにしてここに住するもの十余名乃至二十四五名に達するものありと云へり

さらに、「名護町」の「家屋は極て陋矮にして不潔甚しく……通常一般の貧家或は裏長屋と同視すべからざるもの」であり、その「人民の種類を問へば概ね紙屑拾、煙筒仕替、金屑浚、門附、乞食等の事を以て日に二三銭乃至五六銭の銭を得て以て僅に生計を為すものにて世に最賤業と称する所の紙屑買の如きは名護町社会に在て最上の地位を占る」。また「木賃宿安泊」には「諸方より悪漢のここに蟻集して潜伏する」ゆえ、「旧名護町を概言すれば社会の極貧者犯罪人の巣窟」と位置づける。

故に大坂の犯罪人を云ば先づ名護町の住民を指し大坂の流行病を云ば先づ名護町の住民を指し大坂の貧民を云ば先づ名護町の住民を指し苟も大坂に在て有害のものは悉く名護町より発生せざるはなきが如く実に名護町は大坂の疾病と謂ふべきなり。

それゆえ、「名護町人家移転」計画によって「大坂全体に生ずる利益は少なからず」、①「公安を維持する事」、②「衛生に利益ある事」、③「風俗を矯正する事」、④「区内の体面を善する事」、の四点が可能になると結論づけた。

ここに記された罵詈雑言には目をみはらされるが、「原案」の文面と合わせてむしろ注目すべきは、「伝染病のイメージが、犯罪・貧困・健康をめぐる言説の範囲にまで一般化し[12]」、「名護町」(=スラム)の「取り払い」(=クリアランス)に関わる議論の導入を可能にしていることである。翻刻した「原案」を校注したひろたまさきもまた、「『不潔』ということと伝染病が結び付けられ、そして貧民と結び付けられていること[13]」に注意を向けている。つまり、コレラ流行を契機として生み出された名護町の表象のうちに、衛生・警察行政が介入する確固たる基盤が形成されていたのだ。

「九月案」と「十月案」

「原案」をもとに、各郡区の書記五人（南区山本清、西区八木武雅、東区九猪圓次郎、北区谷村三十郎、西成郡日下好）が委員となって起草した「九月案」（「四区一郡聯合会議案」）は、以下のような内容であった。

近年府下に於て連りに虎列拉其他の伝染病流行し其性猛悪にして死亡するもの甚だ多く殊に本年の如きは春来窒扶斯虎列拉の諸病相踵で発起し夏期に至りて漸く虎列拉病各地に蔓延し日々病勢を逞うせり。因て我大坂府庁は夙に摂生清潔消毒等百方力を予防に竭し専ら其撲滅を計図せらるると雖ども如何せん甲地に滅ぜば乙地に増し今尚ほ猖獗を極め殆んど底止せる所なきを此の如き病況なるを以て今にして一層鋭意病災芟除の方法を設け以て将来該病誘因の根本を断滅せしむるの計画をなさざるときは年々巨多の費額を支消し且つ生営上興業其他営業の全部若くは一部を停止せらるるに至り直接間接に損耗を致すのみならず貴重の生命を亡失する等実に府民の不幸にして土地の盛衰民家の伸縮に関するを最も大なりとす

抑虎列拉病の原素たる種々の論説ありて未だ嘗て確認すべきものなしと雖ども然れども

其誘因物なかるべからず。凡そ都会は数万の烟戸甍を連ね人民集居するを以て大小の家屋あり貧富の人民あり其貧民の矮屋に棲息し雨露を凌ぐに過ぎざるもの多きは数の免れざる所なりと雖ども蓋し我大坂市街は宅地狭乏にして家屋構造上充全ならざるもの少なからず。就中日本橋筋三丁目以南及高津新地上町本田其他市端諸町の細民に至ては最爾たる矮小の長屋に数人群居し大気日光を求引するに由なく居室厠圊相隣り井戸溝渠相接する等汚臭の中に呼吸するもの多し。是等の細民は居室の空気流通せざるのみならず概ね平素洒掃を怠り清潔を欠き身に汚衣を纏い口に腐敗の食物を厭は随て汚物悪臭身辺に繞圍堆積するも恬として顧みざるが如き概ね自重自愛の意なき摂生不良の輩なるを以て自然伝染病を誘起する十中の八九に居る。其不潔不摂生等より悪疫を誘導する蓋し既往の事蹟に徴して知べきなり。既に日本橋筋三丁目以南其他町端の長屋に居住する細民の不潔不摂生等の為め年々伝染病を誘発し市区中該患者の最多を占むる上は断然此摂生不良の輩に対する処置方を講じ公衆禍害を予防せざるべからず。我大阪府庁は長屋及井戸厠圊芥溜等配置構造の緊急須要なるを認め嚮きに長屋建築規則を制定し嗣で井戸規則を頒布し其改良を令せられたり。本令中井戸又は厠圊等相当の長屋にして其数多からざるものは改修し得べきも彼の日本橋筋三丁目以南其他町端長屋の如きは家屋粗造衛生上危険にして改築せしむべき戸数夥多なるを以て其改修の時に方り所に比数多の細民を撤去せしむるときは忽ち住所を失ひ路巷に彷徨するが如き旧に倍し醜体を造出するに至らん。殊に該事業は軽易ならざるを以て到底家主に於て充全の新屋を改修する能はざるものありて旧形を改良するに至らざるのみならず随て摂生不良の輩をして永く該地に居住せしめ伝染病誘導の根元を絶滅するに至らず。故に今回地を西成郡難波村西南隅にトし東西南北の四区及西成郡の聯合町村費を以て若干町歩を購ひ恰当の共有家屋先づ二千七百戸を設営して一廓となし彼の貧民中目下閣き難き者則別表に掲記せる町村の戸口等を茲に転住せしめ自余は漸を以て之を移転せしめ而して旧屋は長屋建築規則井戸取締規則及び特別の取締方を以て相当の処分をなし将来現時の如き摂生不良輩の棲家たらしむるを制せんとす

此事業を断行するに就きては家屋の構造等は長家建築井戸取締の両規則に準じ軽実にして且つ衛生上裨益あるものを設営すべく而して此家屋に属する家賃取立及之に関する方法を設け該家屋及餘地等貸与の収得を以て年々此費用を消却せんとす。其経費賦課方の如きは此際該貧民の移転せしむべき町村はもちろん苟も其利害を同ふするものは土地の冷熱戸口の多寡民情の異同等を論ぜず東西南北の四区及西成郡に於て均しく之を負担するものとす。近時諸業萎縮公費増多の折柄に際し今又斯の如き非常の経費を賦課するは実際困難の情況なきにあらずと雖ども前述の如き年々悪疫流行に際し人々其最も貴重すべき生命と財産を喪失し一般営生上に妨得を与ふるを今日の如くんば何れの日か堵に安じ畢生の幸福を事受するを得んや。事已に逼迫せるを以て生民の為め焉んぞ費額を顧みるの秋ならんや。是れ本案を提起せざるべからざる所以なり

（『大阪朝日新聞』明治一九年九月五日）

この案文を要約するかたちで、つぎのような「十月案」（「四区二郡聯合会議案」）が作成されている。

従来大坂四区町端及び其の接近町村に介在する居民中無産無頼其他乞丐に等しきもの夥多あり殊に其家居の醜体を極むる実に名状すべからず其不潔より流行病を誘発する等禍害を市民に及す事鮮少ならず因て是等のものを移転せしめん為め他に広闊の地を卜し共同家屋を営設し之れに移住せしめ旧屋の撤除若しくハ改修を促し以て其風俗を良正し其健康を保持し併せて将来市民の安寧を得せしめんとす

（『大阪朝日新聞』明治一九年一〇月一七日）

「九月案」ならびに「十月案」は公式の案であるから、内々に提示された「原案」や論説「旧名護町人家の移転」と異なるのは当然であるが、とくに目に付く違いは、「犯罪」にまつわる言説がまったくみられないことである。その代わりに、「流行病」の「悪因」であることを強調し、名護町の撤去に関する実務的な論点を提示している。つまり、名護町の家屋を「撤去」した場合、「細民」が「住所を失ひ路巷に彷徨するが如き旧に倍し醜体を造出」してしまう可能性がある上に、家主自身が地区全体の「旧形を改良」するのは困難である以上、「細民」は「永く該地に居住」することとなり、「伝染病誘導の根元を絶滅する」ことは不可能となる。したがって、「難波村西南隅」に「共有家屋」を建設し、「虎列拉病患者の最多なる区郡町村則西南東北の四区町端及西成郡市区接続町村長屋等に居住する貧民」を「移転」させた上で、名護町の家屋に「長屋建築規則」を適用して改良し、「将来現時の如き摂生不良輩の棲家たらしむるを制せんと」したのであった。

結局のところ、移転案を審議するために設置された大阪府区部会議員から構成される「四区一郡聯合会」の議事では、「共同住宅」建設予定地の地元利益を代表する議員や予算に不満をもつ議員の反発を買い、「九月案」はあっさりと廃止に追い込まれ、その後一度は「四区二郡聯合会」で「十月案」が議論されるものの、可決されることはなかった。だが、翌年には、隣接する盛り場「千日前」の移転問題を引き起こしつつ、再度クリアランス計画が浮上する。

4　一八八七年名護町の取り払い・再開発計画

地主たちの動きと住民の反発

一八八六年に相次いで公布された「長屋建築規則」・「宿屋取締規則」（後述）や、「貧戸」移転計画など、地区の居住環境を問題化する一連の出来事に、名護町の地主・家主は、「到底我々は此地に永住する事」はできないと考えはじめる（『大阪朝日新聞』明治二〇年四月二七日）。そこで持ち上がったのが、名護町の「不潔家屋」を取り払い、その跡地の繁栄策として市街地に散在する興行物あるいは盛り場「千日前」を移転し、さらに劇場・花街の免許地指定を受けようとする、大規模な再開発計画であった。

第一章で述べたように、「土地改良委員」なるものに選出された発起人の地主たちは、みずから名護町を「貧民無頼者の巣窟」と呼び、「一大興行場」（盛り場）として再開発することを要望する願書を、一八八七年三月に大阪府へ提出したのである。

南区日本橋筋三丁目乃至五丁目俗称名護町の地位たる大阪市街の南陬《みなみすみ》に位し其通衝は国道に位しながら商業の振はさる他町に比類すべきなし。蓋し其然る所以のものは他なし古来名護町と言はば直ちに貧民無頼者の巣窟と知らるる一種無比の地にして正確なる商業を盛大に営まんとするを得べからず。其実際の商業に於ける彼等貧民を□主として営む業にあらざれば家屋を貸し其借料を得るを以て生計となすもの十中八九概ね然りとす。夫れ如斯の実況なるを以て貧民生を営む此地の如き至便なるはなし。爰を以て全国の貧民は自ら此に移住し終に全国下等社会の淵叢となりたるものに有之。今や世運漸く進化し市区改良と云ひ内外人雑居と云ひ既に舊観を存すべからざる時世に際したるを以て私共に於ても決して故観を快となすものに無之候得共奈何せん上来記述の如く祖先以来専ら彼等貧民より借家料を徴し以て僅に生計し来り。他に方向を求めるの途無之より自然故態に安じ候訳に有之。然れども特已に改良の已むべからざる場合に際したるを以て一同苦心種々計算を考究致候得共差向善良の方法無之特り下文に哀願する所の計画あるのみ他なし。別紙略図朱線内〔名護町〕を以て一大興行場となし近くハ西京新京極の如くし字千日前を始め市街に散在せる所の諸興行物をして悉皆此に移転せられ以て私共多数の地主をして活路を失するの所なき様特別の御許可被成下度左候はば免許地即ち別紙朱線内の矮屋を撤去舊観を一変し自然今日の時勢に添ひ且は私共多数の地主に於ても幸に生活の途を失はず難有仕合に奉存候。就いては左に方法の概況を叙列し御許可を仰ぎ候

（『大阪朝日新聞』明治二〇年七月二四日）

発起人たちは「名護町」の商売が成り立たない理由を「貧民無頼者の巣窟」であることに求め、その「舊観」を改変すべく「市区改良」の必要性を訴え、千日前をはじめとする「諸興行物」を移転して再開発する認可と引き換えに、みずから「矮屋を撤去」することを約束した。

要望書の提出以降、発起人たちは裏長屋の家賃を引き上げて住人の移転を促すとともに、転出後は貸家をしないという立ち退きに近いような態度をとった。この事は風説ともなり、裏長屋住民へも影響を及ぼしはじめる。住民は発起人が経営する米穀店では米を一切買わなかったり、毎日集会を開いては「我々は貧民に違ひはなけれど親代々ここに住居する事なれば去るに忍びず又他に行くべき所もなければいっそ移転発起者の家に押寄せ」（『大阪朝日新聞』明治二〇年七月二日）談判しようとするなど、不穏な動きをみせていた。府は免許地指定願いに対しては沈黙を続ける一方、名護町の周辺地区に対しては、四月二〇日からおよそ一〇日間ほどかけて「不

潔家屋」の調査を行ない、その後、日本橋筋西裏通字毘沙門前から関谷にいたるまでの「不潔家屋」に対して「立退」や「改造」を命じている（『大阪朝日新聞』明治二〇年四月二三日、五月一日）[14]。つまり、名護町には「地主家主等より同所を以て劇場及び花街等を免許するの地とせられたき旨出願したるの故にや」何の命令も下さなかったのである（『大阪朝日新聞』明治二〇年七月一四日）。

潰えた全面取り払い計画

こうした状況のなかで七月二四日にいたり、名護町に対して興行場、遊覧場、人寄席、遊戯場、劇場（二カ所）などの「劇場諸興行物の許可」がおり、合わせて家屋の取り払い期限も定められた。期限は日本橋筋三丁目が一八八八年一月二二日、同四丁目が同年七月二二日、同五丁目が翌一八八九年一月二二日となっている（『大阪朝日新聞』明治二〇年七月一四日）。そして翌二五日には千日前の興行人に対して、一八八八（明治二一）年一二月末を期限とする興行の禁止が通告された[15]。二つの通告を合わせて考えると、許可された月から六カ月ごとに日本橋筋三〜五丁目の不潔家屋群を順番に取り払うというスラムクリアランス計画と、その跡地に盛り場「千日前」を移転する計画とに、府知事の意向と発起人たちの要望とが具体化したことがわかる。しかしながら、発起人たちの主眼はあくまで「市街各所に散在する諸興行物及び二三の劇場と新町堀江の遊廓をも併せて茲に移す事」にあり、府の許可には「大いに失望し……最初に計画したる目的を失ひたる有様」であったという（『大阪朝日新聞』明治二〇年七月二五日）。

さらに裏長屋の住民や木賃宿に逗留する者たちが、「この上は手をもって引摺り出さるるとも立退くまじまた……無理に放出さばこの地に興行物のできて繁華の地となりし後再び舞戻来て路傍または軒下を住居としこの地はいつまでも離れまじ」と反発した結果、発起人の間でも意見が割れはじめた。三、四名を除いた発起人たちの一部は認可の取り下げを願い出て、「長屋建築規則」にもとづいて改築しようとする動きも出てきたのである（『大阪朝日新聞』明治二〇年八月一六日）。

その後、日本橋筋三丁目の「不潔家屋」取り払いの期限が迫ると、家主はみずからが居住する表通りの家屋の対処に苦慮して府とも対立するようになる。その理由は、「傾斜或は不潔」の家屋もあるが、まだ充分に使用できるものもあり、いっしょくたに取り払われては困るというのであった（『大阪朝日新聞』明治二〇年一二月一三日、一二月一四日）。発起人は、表通りの家屋はまず従前のままにし、移転してくる興行人の意向に任せたい考えでいた。ところが、府はそれを認めず、表裏を問わずに「不潔家屋」の取り払いを命じたのである。

遊廓の設置が許可されなかったことに端を発する分裂、裏長屋住民の反発、そして府の方針とみずからの意向の相違を背景に、発起人たちは千日前の興行主たちの反対運動をにらみながら、徐々に決定の取り消しあるいは延期の請願へと傾いていった（千日前の動向については、第四章を参照）。

そして、一八八八年四月に「千日前興行場等の禁止命令」を二年間延期することが認められたことで、名護町の全面取り払い計画はあやふやなうちに潰えることとなった。しかしながら、この結末は「長屋建築規則」にもとづく大規模なスラムクリアランスの布石となったのである。

5　名護町の取り払い

「長屋建築規則」の制定

名護町に対する一連の移転・取り払い計画に前後する一八八六年、名護町の建築形態・居住環境を規制することが可能な二つの規則が制定されている。その一つが「長屋建築規則」であり、もう一つが「宿屋取締規則」である。

「長屋建築規則」は日本における最初の本格的な建築規則と位置づけられており、**表5**に示される内容を備えていた[16]。本規則の主旨は、借家の大部分を占める長屋建築の「改良」にあった。そして、この点が問題化したのはまさに前述した一八八五～一八八六年期のコレラ大流行に際してである。

「長屋の建築といへば皆概して粗造不潔を極め衛生上に大害を與ふる」との認識を強めた大日本私立衛生会大阪支会の会員が、大阪府へ「建築改良法」を建議した（『大阪朝日新聞』明治一九年四月一日）。そして「今度大阪府に於て新たに借家建築に関する規則を制定し、自今借家を建築

表5 「長屋建築規則」の主な内容

規則種類	内　容	条　項
1 適用対象	2戸以上で1棟を構成する建物（長屋）の新設，改造（旧建物を区画し数戸に改築），増設（旧建築に接続して1戸以上を増築）を対象とする。大阪・堺・奈良の市街地とその「接続の町村」に施行。	第1条，第17条
2 手続の規定	所轄警察署の着工許可・使用認可権。願書（正副2通）の提出義務。	第2条，第3条，第15条
3 命令の規定	所轄警察署の新設・改造・増設の許可権，落成時の検査・認可権，既存長屋で「衛生上有害若クハ危険ト認ムルモノ」に対する立退命令権，改造・居住禁止命令権，立退者への長屋貸与の認可権。	第17条，第18条付則第1項，同付則第4項
4 罰則の規定	各規定の違反者，および事実を隠蔽し所轄警察署の認可なしに長屋を借りうけた立退者は，刑法第426条の刑に処される。	第19条付則第3項，同但書
5 敷地内条件の規定	長屋は他の建物と3尺以上の距離をとる。建築敷地は前面の溝石上端から高さ1寸5分以上。通路の広さ（幅）は6尺以上。裏長屋は表屋を通過せず表の道路へ出られるように2ケ所以上の路地口を設置。	第4条，第5条，第7条，第8条
6 建築構造形態の規定	1棟の戸数は5戸以内。建築床板，敷地から高さ1尺5寸以上。建物床下の仕切壁は，その面積の5分の1以上の空気窓を設置。窓は，1戸の4面のうち少なくとも2面に開設し，その広さは建坪面積5分の1以上。	第4条，第13条，第12条，第6条
7 衛生施設の規定	厠圊は2戸に1カ所以上を設置。軒下への厠圊・便器の設置禁止。厠圊・芥溜あるいは井戸の新設に際しては，それぞれ1丈2尺以上離す。厠圊に使用する糞壷は陶器製を使用。下水小溝の設置。	第9条，第10条，第11条，第14条付則第2項

斎藤和夫・赤崎弘平編『建築のルール・大阪100年の歩み』（大阪府建築士会，1988年）より作成

せんとする者ハ予じめ其構造方法を所轄警察署へ届出でて検査を受けし上工事に着手することにせらるる由其に付来る十日同府庁に於て建野府知事が議長となり常置委員、四区長、府立病院長、警部等を議員として衛生会を開設し右規則草案の可否を審議決定せらるる筈」（『大阪日報』明治一九年四月七日）と報道されているように、大阪支会の会頭である建野が中心となって建築規則を制定したのである。

五月一四日に公布された「長屋建築規則」は、六月一九日に付則、一〇月一六日に改正、と後日に修正が加えられている。とくに注目されるのは、この修正を中心に、所轄警察署の権限が強化されたことである。つまり、「長屋居住者居住ノ現状極テ不潔ニシテ公衆ノ衛生ニ害アリト認ムルトキハ立退ヲ命ズル」（追加第一七条）という立ち退きの命令権、「前条ニ依リ立退ヲ命ゼラレタル者ニハ所轄警察署ノ認可ヲ受クルニアラザレバ長屋ヲ貸与スベカラズ」（追加第一八条）という立ち退かされた者に対する長屋貸与の認可権がその軸であり、追加第一七条・追加第一八条の現住長屋への適用も付則に含まれた。

五月に制定された「長屋建築規則」に対し、一〇月という時期に改正・追加が行なわれたのには理由がある。それは、一八八六年の「貧民」の移転計画を法的に裏付け、事業を円滑に促進するためであった。つまり、既存の長屋に住む「貧民」を移転させた上で、残された長屋を「長屋建築規則」にもとづき改造するが、立ち退かされた住民は所轄警察署の許可なく別の長屋に転居することができないわけであるから、必然的に「共同住宅」に入居せざるを得ず、また長屋が新築もしくは改造を終えた後に、いったん立ち退かせた「貧民」が再度居住することをも咎める内容だったわけである。

おりしもこの時期には、建野が「四区一郡聯合会」による移転計画の否決を受けて、「四区二郡聯合会」を組織し再度移転計画を審議させていた。建野の意図は「連合会を開かるると同時に……長屋建築規則を改正追加して以て理事者が該移転の事務を断行するに於て大なる便利都合を得しむる様に」することにあり、「長屋建築規則」のこの時期の改正から「貧民移転の事に関する府知事の決心の程を窺い知る」ことができるのである（『大阪日報』明治一九年一〇月一六日）。

しかしながら、「十月案」はあっさり否決され、それを受けて一〇月末に「長屋建築規則」の適用による名護町の「改良」が議論されるものの実施にはいたらず（『大阪朝日新聞』明治一九年一〇月二九日）、また翌年に起こった千日前移転問題とのからみから、建野の在任中に名護町に対して「長屋建築規則」が適用されることはなかった。皮肉にも、建野の更迭を受けて後任の知事に就いた西村捨三のもとで、本格的な「長屋建築規則」の適用による名護町のクリアランスが遂行されることとなる。

「宿屋取締規則」の施行と名護町

というわけで、名護町に対して適用された最初の建築規制は、一八八七年一二月に公布、一八八八年一月から施行された「宿屋取締規則」であった。同規則の要点は、「大阪四区内」にある「木賃宿」、「客間」が一〇坪以下の「下宿屋」、同じく二五坪以下の「旅人宿」の営業を禁止することにあり、とくに「木賃宿」については「大阪四区内ニ於テ営業スルヲ得ス其接続町村ニ於テハ場所ヲ限リテ許可スヘシ」として「木賃宿営業ノ区域」（第四八条）を難波村字南河原、木津村、北平野町七〜八丁目、上福島村字羅漢前、北野村の一部、そして九條村字西九条に限定することで[17]、市街地からの立ち退きを明文化した。そもそも大阪市街の「木賃宿」の営業は一八七〇年の府令で「長町四丁目」に限定されていたため、南区全体で六〇戸前後ある木賃宿のうち、およそ五〇戸が日本橋筋と高津町付近に立地しており（『大阪朝日新聞』明治二〇年一二月二四日）、同規則の施行は、名護町の居住環境を有効に規制する手だてになったと考えられる。

　しかしながら、その実施はすでに一八八六年六月の時点で決定されていたことから（『大阪朝日新聞』明治一九年六月一九日）、一八八七年一月には、名護町で木賃宿を営業する者たちが各々申し合わせて、北平野町に移転するために地所および家屋などの買い求めに着手したと報じられている（『大阪朝日新聞』明治二〇年一月一五日）。木賃宿の移転期限が迫ると、料理屋が茶店を出すなどして「花に月に遊客の集ふ所とな」っていた北野村の車茶屋周辺では、木賃宿が移転してくれば、「道筋は不潔になるのみならず掏摸や乞食の徘徊す」る「第二の長町」になると懸念していた（『大阪朝日新聞』明治二〇年七月二九日）。実際に平野町などでは、「木賃宿屋の俄に其町内にあらわれたるより悪徒の溜所ができたる様に思ひ顔を皺めて嘆息する」状況であったという（『大阪朝日新聞』明治二一年一月一一日)。

施行後の名護町では、木賃宿に逗留していた数人が一緒になって、家賃が裏長屋数戸分と大差のない表通りの旅人宿一戸を借りてとどまる場合や、「客室狭隘」のために基準を満たせず廃業した宿屋が戸外に「寄留座敷、二階貸し」といった張り紙をして「内実宿屋類似の業を営む」場合もあったようであるが、実際には「長町木賃宿に住居したる者は同地を追払はれ其後所々に散乱し」(『大阪朝日新聞』明治二一年三月一四日)たことを考えると、ある程度の効力があったと言えよう。やはりこの場合も、名護町住人が移り住んだ北区の裏長屋周辺は「新長町」と呼ばれ、その住人はさらに「退去を命ぜられ又々何れかへ散乱した」という。

こうした「宿屋取締規則」にもとづく動向を前述の議論に関連づけて考えると、千日前移転問題の顚末がはっきりしない状況にあって、府は「長屋建築規則」ではなく、[18]予備的に「宿屋取締規則」をもって「不潔家屋」が密集している名護町に対処していたと考えることもできる。

「不潔長屋」の取り払い

ところで、「興行禁止」の二年間の延長を認められていた千日前が、一八九〇年七月にさらに一〇年間の猶予を得たことで、名護町の発起人たちは正式に「取払延期」を府に請願した(『大阪朝日新聞』明治二三年七月二二日)。それに対して府は、つぎのように回答する。

書面願の趣聞届候事　但し期限内と雖も長屋建築規則其他一般の取締規則及び時々の令達は総て遵奉する義と心得べし

（『大阪朝日新聞』明治二三年八月二日）

このように府が請願を受理したことによって、三年におよぶ日本橋筋の取り払い問題は収拾がついたかにみえた。が、名護町では「いずれの長屋にてもかつて立退の命令ありし以来今に取崩す家なりとて誰も修繕を加へたることなければいやが上に朽敗してさてもこのまま十カ年間持続すべしとは思われ」（『大阪朝日新聞』明治二三年七月二二日）ない状態であり、この請願受理はそうした名護町家屋に対して「長屋建築規則」を適用する布石となったのである。

翌一八九一年三月、「長屋建築規則」が一八八六年に制定されて以来はじめて名護町に適用されるかたちで、ひっそりと、しかし大規模に「不潔家屋」の改造が開始された。その様子は「日本橋すじ長屋の取払、貧民の行方」と題してつぎのように報じられている。

細民の巣窟と音に聞えし南区日本橋筋三丁目以南五丁目まで打つづきたる不潔長家は其筋より本月一日を始めとして来る五月迄に取毀ちて改築することを達せられたるが此戸数は二千四百十戸人員九千百二十六人ある由の所目下追々取崩しに掛りたれば之に住へる貧民等は立端に迷ふて茫然たるもの多しと　尤も其中には新築長家も出来上るべきも長家規則により建築するものなれば戸数も在来家屋の四分の一若くは五分の一に減ずべく且つ家

賃も幾許か引上るべければ夫の貧民の落附く先きは何処なるべき多分難波、曽根崎、福島、北野、左なくば玉造の場末などなるべしといふ

（『大阪朝日新聞』明治二四年三月四日）

この記事から、「長屋建築規則」にもとづき三月一日から四月末日までを期間として、名護町の「不潔長家」に住む「貧民」九一二六人を立ち退かせ、二四一〇戸を「取毀ちて改築する」という大規模な事業計画の存在を知ることができる。数年来の懸案が解決を見ることになった地主たちは、「同所は……愈一万近き貧民が引払ふこととなりたるにつき……大恐悦」したという（『大阪朝日新聞』明治二四年三月一〇日）。

期限が間近にせまった時期の事業の進捗状況をまとめると、**表6**のようになる。移転戸数の総計（四九三〇戸）は、三月当初の計画のほぼ倍になっている。この時点で完成した新築あるいは改良した長屋はわずか三八〇戸である。つまり、移転戸数四九三〇戸から工事中と未着手の合計三四〇九戸を差し引いた一五二一戸分の「不潔長家」を「改築」して完成したのがこの三八〇戸の長屋であり、これはまったく当初の計画どおりに「在来家屋の四分の一」に減じられたことになる(19)。

表6　事業の進捗状況

	箇　所	戸　数
完成	42	380
工事中	99	2522
未着手	50	887
計	191	3789

『大阪毎日新聞』(明治24年4月24日)より作成

この結果、「従来市内にて不潔家屋の最も多かりしは……旧名護町なりしも同所は近頃過半改築して清潔に」なったとの理由で（『大阪朝日新

聞』明治二四年六月一三日)、名護町に対する清潔法はこの年には実施されていない。つまり、一八九一年の春先に実行された「不潔長屋」の取り払いは、清潔法実施を省けるまでに名護町を「清潔」な地区に変容させたのである。

立ち退かされた「貧民」たち

立ち退かされた「貧民」の移転先は、当初から予想されていたとおり、難波村(一九〇五戸)、天王寺村・北平野村(一二二六戸)、木津村・今宮村(八七四戸)、高津新地・御蔵跡(八〇五戸)、本籍地(一二〇戸)というように、いずれも周辺の「場末」の村となっている(『大阪毎日新聞』明治二四年四月二四日)。もとの住民たちが移転先で直面した事態がどれほど深刻であったかは、以下の二つの記事から推察されよう。

南区日本橋筋三四五丁目は現今長家の建築改造中なるが同所に住みいたる貧民等は他に行き所のなきより皆な木津村又は難波村の方へ同居なし一戸六畳一間位の家に夫婦三組も居住なし居る趣きにて中には無届の者も多くある由なれば此際難波警察分署にて戸口調査を厳重になし猶ほ両村の長屋建築改築も同時に実行さるる筈なりと

(『大阪毎日新聞』明治二四年四月二〇日)

府下の饑寒窟として世に其名を知られたる別天地、南区日本橋筋三丁目以南の不潔家屋は悉皆改築を命ぜられしに付此に住み居たる穢多の貧民は其当時難波、木津、今宮、天王寺等の近村それぞれ退去せしが目下虎列拉病流行の兆ある折柄とて天王寺警察署の巡査が部内の家毎に不潔場所掃除の注意を促し廻るうち北平野町、清堀村等の間狭き小家に四五十名(四〇～五〇名)の老若男女が大抵は裸体の儘にてごろごろ寝転ぶもあれば佇むもあり亜弗利加蛮地の住居と雖も斯く迄醜体を極むざるべしと思う許の有様なれば何故に斯くは多人数集り居るやと問へば孰も前日日本橋筋より追出されて他に寄る辺なき者共と知れしが何分右の如き次第にては衛生上にも甚だ気遣わしければとて昨日右等の家主を警察署に呼出して早々退去せしむべき旨を命じたりと云ふ

(『大阪朝日新聞』明治二四年六月二六日)

「幾多の貧民」の移転先は「新名護町」と呼ばれるなど差別的な扱いを受け、さらに所轄警察署に与えられた立ち退き者への長屋貸与の認可権によって、ゆくさきざきで「退去」を命令されたのである。「貧民」が立ち退き、「不潔家屋」が改築された後の「名護町貧民の現況」(八月)はいかなるものであったか。

その後の名護町

府下の飢寒窟なる南区日本橋筋三丁目より五丁目まで即ち旧名護町の不潔家屋は予て記せ

し如く当春来改築に着手し従来同所に住居せし貧民は多く近傍の西成郡今宮、木津、難波、東成郡天王寺、北平野、西高津等の各町村へ退出せしが右貧民中近頃に至りて追々落成する改築家屋へ引移る者あるにより所轄南区役所にては改築後の情況を取調のため此の頃吏員を出張せしめ委しく住民の模様を視察せしめたるに是まで此処に群居したる貧民共は大体無資無産にしてラオの仕替え、傘張り、マッチの箱張り、紙屑拾いおよび乞食の類のみにて商業を為すが如き者は一向少なかりしも今度不潔家屋を改造して間取りも広くなり清潔にもなりて通常の借家と少しも変る所あらざるよりか住む者の気持ちも自然幾分か高尚になり且其筋の注意と家主の説諭行届きたるとに依りてや従前の如き紙屑拾ひや乞食をなす者は一人もなく十銭乃至二十銭の資本ながらも日々青物、飲食物等の行商を営む者目下六七十〔六〇〜七〇〕名もあるに至り大いに同所の面目を一新したりといふ尤も此新長屋に復帰せし者は従前の貧民中にても上等の部分には相違なきも今後追々に移住する者も乞食体の見苦しき貧民は絶えてなかるべきは勿論此上夫の東西に新道を開通するの計画も成立ち愈交通の便利自由になるに至らば漸次繁栄の場所となり古来有名なりし貧民の巣窟と呼ばれたる名護町も数年を出でずして旧観を一掃するに至るべしといへり

（『大阪朝日新聞』明治二四年八月一三日）

長屋の改築によって追い出されて周辺地区へと分散していた従来の名護町住人である「貧民」

のうち、改築後の「新長屋」に再び居住できたのは「従前の貧民中にても上等の部分に」属するいくらかの資産をもちあわせ小商いをできるわずかな者たちだけであった。そして「貧民の巣窟」と呼ばれた「名護町」の「旧観を一掃」できると予想されたように、改良が完了に近づいた二年後には、『東京日々新聞』（明治二六年三月五日）が、「悪徒無頼漢の其の間に潜伏」し「あらゆる病症の養成場」であった名護町が「車夫其の他労働者の住居」となったこと、そして市民は名護町の「改良」を断行した府知事に「恩に感じつつありしが」、接続町村は「非常に迷惑を感じ居れり」という状況であったことを報じている。

さらに数年後には「大阪の長町といへば江戸の下谷山崎町の如く貧民の巣窟のやうにいへれど近頃は追々進歩して新築の家屋建て列ね大道砥の如く都会の一市街として恥づる所なきほど」となったのである（『大阪朝日新聞』明治二九年二月一日）。一八九七年に大阪を訪れ「第一の貧民部落なりと称せられたる名護町の如き旧時の面目を減じたる」と述べた横山源之助が、その理由を「不潔家屋に退去を強制」したことに求めたことも、ここで論じた名護町の取り払いをめぐる動向の傍証となる。

かくのごとく、「家屋を改良せば必ず貧民は住む能はずして自然、此地の改良を得られるべき」（『東京日々新聞』明治二四年八月二三日）と目論まれた名護町への「長屋建築規則」の適用は、数多くの「貧民」を立ち退かせた上で「不潔家屋」を改造し、改築・新築した家屋には「貧民」を戻らせないという、きわめて効果的な「長屋建築規則」の適用にもとづく地区改造事業を達成したのであった。
以上の議論から明らかなように、一八九一年春のこの出来事は、日本橋筋三〜五丁目に対する大阪最初のスラムクリアランスと結論づけることができる。

6 スラムクリアランス計画の系譜

本章では、一八九〇年を前後する時期に大阪で構想された地区改造事業の内容とその帰結を三つの局面に分けて検討してきた。ここで得られた知見をもとに、それぞれの局面で構想された計画をひとつの系譜として整理しなおすことで結論としたい。

まず最初の局面（一八八五〜一八八六年）では、コレラの流行を契機として日本橋筋三〜五丁目の居住環境が問題化（スラムとして表象）された。この過程で、借家として都市の周縁部に数多く立地していた長屋の建築を規制する「長屋建築規則」、そして木賃宿の建築と立地を規制する「宿屋取締規則」という二つの規則が制定されると同時に、「名護町」の「貧民」を移転させて市外の「共同家屋」に「隔離」する事業が計画された（第一章も参照）。第二の局面（一八八七年〜）では、名護町を取り払いその跡地の再開発のために盛り場「千日前」を移転するという計画がたてられた。さきの「貧民」の隔離計画は知事の建野や衛生課長の平田が構想したものであるのに対して、この計画では名護町の家主らが発起人となっていることからあたかも自主的な再開発計画のようにも思われるが、前年の「移転」を「取り払い」へと練り直した一貫した（つまり建野らによる）スラムクリアランス計画であった。

一八九一年のスラムクリアランスが第三の局面にあたる。この事業は体系的な計画ではなく「長屋建築規則」の徹底した実施の帰結であること、あるいは名護町のクリアランスに熱心であった建野の左遷後であることから個別の事業とも考えられなくはないが、結果として建野が名護町の移転を円滑に進めるために改正した「長屋建築規則・付則」の効力によって名護町がクリアランスされたこと、そして一〇年間の「取払延期」を認める代わりに同規則を施行したことを顧慮すれば、一八九一年のこの出来事は一八八六年来の一連のクリアランス構想の帰結であったと結論づけることができる。

ところで、一八九一年のスラムクリアランス遂行によって、横山源之助らの発言にみられたごとく、「今や長町は昔日の名護町とは全然其の面目を改」めるに至ったが、一九〇〇年代に入ると、再び周辺部の「矮屋」が問題視されるようになり、第五回内国勧業博覧会の開催（一九〇三年）をひかえて、再度、名護町周辺地区のスラムクリアランスが計画される（この点については第三章を参照）。結局、この地区の周辺は、昭和戦前期にいたるまで、つねに差別的なまなざしが向けられつづけ、同時に、「改良」されるべき対象でありつづけたのである。

注

1 藤森照信『明治の東京計画』岩波書店、一九九〇年。
2 石田頼房『日本近代都市計画史研究』柏書房、一九八七年、六九―一二五頁。
3 吉田伸之「江戸の〈民衆世界〉と橋本町一件」(藤森照信編校注『日本近代思想体系一九 都市 建築 付録(月報一七)』岩波書店、一九九〇年)五―八頁。
4 大阪市役所教育部「大阪市ニ於ケル細民密集地帯ノ廃学児童調査ト特殊学校ノ建設ニツキテ」(大阪市立大学学術情報総合センター「関文庫」の『不良住宅ニ関スル資料』に収録)、一九二一年調査。
5 大阪市社会部調査課編『大阪市住宅年報(昭和元年)』(大阪市社会部報告六五号)、一九二八年。
6 前田貞治「長町変遷の跡を顧る(三)」『大大阪』第一四巻第八号、一九三八年。
7 鈴木梅四郎「大阪名護町貧民窟視察記」(西田長寿編『都市下層社会』生活社、一九四九年(原著は一八九〇年))。
8 槇村正直「明治十六年大阪府管内巡察記録 上」(我部政男編『明治十五年明治十六年 地方巡察使復命書 下』三一書房、一九八一年(原文は一八八三年))。
9 大阪府警察史編集委員会『大阪府警察史 第一巻』大阪府警察本部、一九七一年。
10 大阪府警察部衛生課『大阪府伝染病流行誌要』大阪府警察部、一九一九年。
11 ひろたまさき校注『日本近代思想体系二二 差別の諸相』岩波書店、一九九〇年、三三一―三三三頁。
12 Driver, F. Geography and power : the work of Michel Foucault, in Burke, P. ed. *Critical thought series 2 : critical essays on Michel Foucault*, 1992.
13 ひろたまさき『近代日本を語る――福沢諭吉と民衆と差別』吉川弘文館、二〇〇一年、九三頁。
14 実際に、南区全体で一四〇三軒(このうち名護町周辺は六四六軒)ある「不潔家屋」のうち、「長屋建築規則」にもとづいて、一三三軒(同四八軒)に立ち退き、一二七〇軒(同五九八軒)に改造・修築が命ぜられた(『大阪朝日新聞』明治二〇年七月一四日、七月一七日)。
15 小田康徳「千日前興行場等禁止令と長町取払い計画」『大阪の歴史』第一九号、一九八六年。
16 田中祥夫「長屋・家屋建築規則施行の実際について」『日本建築学会計画系論文報告集』第四一三号、一九九〇年。斎藤和夫・赤崎弘平編『建築のルール・大阪一〇〇年の歩み』大阪府建築士会、一九八八年。

17 大阪市『明治大正 大阪市史 第六巻』日本評論社、一九三四年、九六五―九七一頁。

18 とはいえ、一八八九年初頭には、周辺の難波村（四六戸）、今宮村（六九戸）、そして名護町裏の西高津村（一三戸）を中心に「修繕」が命ぜられており（『大阪朝日新聞』明治二二年二月三日）、さらに、南区全体においても「長家建築規則に依り禁住等を命ぜられし長家は矢張り高津町日本橋筋瓦屋町等に最も多く」、「改造」（四三戸）、「改修」（七八戸）、そして「禁住」（二六戸）も命じられたが、名護町において実施されたかはさだかでない（『大阪朝日新聞』明治二二年三月六日）。

19 一八九一年に「長屋建築規則」にもとづいて「改造命令」を受けた府下三二二三戸のうち、およそ八一・四％にあたる二六二二戸が南署管内の長屋に対して出されたものである。この点について前掲の田中「長屋・家屋建築規則施行の実際について」は、前年のコレラ流行を受けての取締強化とする見方をとっているが、名護町の長屋を集中的に「改造」する命令であったと考えるべきであろう。

第三章　木賃宿街「釜ヶ崎」の成立とその背景

1　はじめに

一九三五（昭和一〇）年に編まれた『大阪市域拡張史』には、大正期に形成された大阪市街地北部に位置する豊崎町について「大小二百有余の工場軒を並べ、煤煙天を覆ふの盛況を呈し、工場都市北大阪の大を誇るの観があった」、同じく南部に位置する今宮町についても、「其の状態全く市内と異らず、人口七万五千四百余人、戸数一万八千四百を有する全国著名の大町」であると記されている(1)。このように近代都市大阪を工業都市として表象する場合、これらの地区の工場と煤煙、そして戸口の規模は誇るべき特徴になる。だが、ひるがえって、当時の市政の枢要を占めていた社会事業の点からみた場合、どちらの地区も「不衛生住宅地区」や「過密住宅地区」として表象され、改善されるべき事業対象であった。

実際に、今宮町に位置し、現在では日本最大の「寄せ場」として知られている「釜ヶ崎」に

図6　大正末期の「釜ヶ崎」の木賃宿

ついては、「五十戸の安宿が軒を並べ、之に止泊する日稼労働者五千人を超へ、社会施設の急愈々切なるものがあった」(2)とも記されている。「寄せ場」には日雇い労働者のための簡易宿泊施設（ドヤ）が集中的に立地しているが、この昭和戦前期の記述にもみられるとおり、戦前の「釜ヶ崎」には、「日稼労働者」のための「安宿」と呼ばれる日払いを原則とした「木賃宿」を指す宿泊施設が多数存在していた（図6）。つまり、「寄せ場」としての「釜ヶ崎」は、「木賃宿」が集中的に立地する戦前の労働者街の系譜に属していると考えられる。

こうした「寄せ場」としての「釜ヶ崎」の歴史、とりわけその成立の経緯に関する研究はさほど多いとは言えない。とはいえ、成立について言及したいくつかの研究では、一九〇三年に大阪で開催された第五回内国勧業博覧会の準備にともない、会場予定地の付近でスラムクリアランスが実施され、それによって追い払われた人びとの移り住んだ先が「釜ヶ崎」であった、という指摘がなされている。[3] こうした見解に大きな影響を及ぼしたのは、一九六八年に大阪府が編纂した『大阪百年史』であった。

大阪が商工業都市として発展し、人口が増加していくにしたがって、乞食・浮浪者から下級の職人・日雇人・土方・労働者などの貧民の存在は恒常化し、大量化していった。これらの貧民は、大阪市街地の周辺部に集まってスラムを形成したのであるが、とくに江戸時代から貧窮民の密集していた長町または名護町とよばれる地域はひどいものであった。……ところが明治三六〔一九〇三〕年に内国勧業博覧会をいまの天王寺公園・新世界一帯を会場としてひらくことが決まると、会場へ至るいまの堺筋の拡張と見苦しいスラムを沿道からとりのぞく必要が生じた。こうして三四〔一九〇一〕年はじめから工事が進められ、長町の住民たちは会場からさきの住吉（紀州）街道に沿って、通称、釜ヶ崎、いま「あいりん地区」と呼ばれる地域に移住したのであった。

この『大阪百年史』の記述には原典となった資料は明記されておらず、その後の研究が『大阪百年史』を典拠とする場合もあることから、名護町住民の移住説は、ある意味で定説として語り継がれているように思われる。本章では、こうした名護町のスラムクリアランスにともなう住民の移住説を批判的に検討し、新しい資料から得られた知見を整理しながら「釜ヶ崎」が木賃宿街として成立した事情を考察することにしたい。

「釜ヶ崎」という一地区の存在は、一九二〇年代に入ると社会調査によって自明のものとなるが、それ以前は通称としての「釜ヶ崎」も定着しておらず、既存の研究には地名の問題で混乱もみられる。こうした通称としての「釜ヶ崎」の異同についても、新聞の三面記事やその他の記述を資料とすることで確認してゆきたい。とりあえず、現時点ではっきりしているのは、「釜ヶ崎は、『明治三十五（一九〇二）年頃までは僅かに街道に沿ふて旅人相手の八軒長屋が存在したるに過ぎなかった』[4]が、一九二五年には推計『四十九軒の宿に六百十五世帯三千六百人の男女が常住』し、その他に『一夜泊りの連中は五百は』（『大阪朝日新聞』大正一四年一月二五日）あったという[5]」ことであり、この間のおよそ二〇年の年月に「釜ヶ崎」の形成史が刻み込まれているはずである。

2　名護町との関わり

木曽論文の再検討

「釜ヶ崎」の成立に関する論考はいくつか発表されているが、なかでもとくに体系的に推論している木曽順子の説を検討することで、問題を整理しておくことにしたい。

木曽は論文「日本橋方面・釜ヶ崎スラムにおける労働＝生活過程」[6]のなかで、「釜ヶ崎」や「日本橋方面」のスラム（不良住宅地区）は、明治前期まで大阪で最大のスラムであった名護町を起源としており、名護町の「スラム」が「排斥」されたことによって成立したと論じている。木曽によれば、名護町の「排斥」は以下の三つの事柄を「契機」として実現された。

①「長屋建築規則」（一八八六年五月）と「宿屋取締規則」（同年一二月）による名護町の部分的クリアランスと木賃宿および住人の周辺地区への移動。

②「宿屋取締規則」を改正した「宿屋営業取締規則」（一八九八年）で「木賃宿ハ大阪市堺市（並松町ハ除ク）ニ於テ営業スルコトヲ許サス」（第三二条）と規定されたことにより[7]、第一次市域拡張（一八九七年）にともない関西鉄道線（城東線、現ＪＲ大阪環状線）あたりまで広がっていた市域の外側に木賃宿が立地せざるを得なかったこと。

③第五回内国勧業博覧会（一九〇三年）の会場が今宮（現在の天王寺公園・新世界）に決まったことにより、そこへ通じる要路としての日本橋筋の拡幅と周辺スラムの「除去」が唱えられたこと。

この三点を踏まえて木曽は、③の工事開始を契機として「旧長町の住人たちは……釜ヶ崎へと移動した」と論じている。この段階論は、つぎのような資料にもとづいて立論されていることとに注目してみたい。以下の文章は、大阪市立大学学術情報総合センターの「関文庫」に所蔵されている『不良住宅ニ関スル資料』に所収された大阪市役所教育部「大阪市ニ於ケル細民密集地帯ノ廃学児童調査ト特殊学校ノ建設ニツキテ」（一九二一年一一月調査）からの引用であり[8]、木曽も『不良住宅ニ関スル資料』を使用していることから、本資料も参照していると思われる（ただし、論文中では引用されていない）。

明治二十七八（一八九四〜九五）年以来此ノ地（日本橋方面）ニ各種ノ長屋（後ニ述フル分ノ長屋ハ此ノ時ニ源ヲ発ス）建造セラルルト共ニ明治三十（一八九七）年全ク市内ニ木賃宿ヲ営ムコトヲ禁シタリ木賃宿ハ廃セラレタルモ木賃宿的日家賃制ノ長家ハ細民ノ生活ニ最モ便利ナルヨリ細民ハ尚此ノ地ニ蝟集セリ其後大阪市ノ人口増加ト共ニ都市周囲部ノ延引トナリ加フルニ此ノ方面ノ道路ノ改築其他ノ事情ニ依リ此ニ住スル細民ハ木賃宿ヲ中心トシテ市外今宮町及豊崎町方面ニ移動セサルヲ得サルコトトナリ漸次細民ノ数ヲ減シ今尚減シツツアル状況ニアリ

まず、①について木曽が「旧長町近辺でのスラム再形成の要因になった」と指摘するように、資料中にある「木賃宿的日家賃制ノ長家」は確かに名護町周辺に成立していた。たとえば、名護町の西側に位置する広田神社の近傍には、「蜂の巣長屋」と称される木賃宿屋街が形成されている。

西成郡今宮なる廣田神社の東傍に蜂の巣長家と唱ふる下家建の長家二百三十四戸あり三畳乃至五畳ほどづつの一戸毎に少きも五人多きは十人余もごろごろと住まふものは人力車夫を上等にして烟管仕替、放鳥、辻落語、紙屑拾、古下駄買等すべて千人近う巣の中の蜂のやうに出たり入たり世間の貧乏は此処に引受け候ふと云はぬばかりを此度長家建築規則によりて改造を命ぜられしより四五日前から立退せしに棄つる神あれば拾ふ鬼とや云ん忽ち是等を奇貨として近所の古明家を借受け表向の出願は下宿業内證は木賃宿を開きしもの多く一夜の泊賃一人前二銭と定めてければ行先に困り居りし右の蜂ども我も我もと泊込むもの凡そ七八十人もあるより追々同様の宿増加して今は今宮村丈にても二十戸ほどもあるを聞知りたる難波分署にては宿屋規則に照らして片端より違警罪に処すれども彼等は一人前二銭にて八十人なれば一日に一円六十銭、科料は高が一円五十銭なれば差引得ありまして毎日取調あるべくもあらねばと高をくくり居るもの多しとか又長《ママ》の長町立退このたびの立退にて貧民の川崎村北野村等へ引越し来る者多くこれらの貧民米高に苦しみて畑の大根を盗むより農民ども一方ならずこぼし居るとなり

（『大阪朝日新聞』明治二四年一一月二二日）

また、一八八九年に「故ありて長町の貧民部落を巡視」した「たんなん」なる人物が、一八

九七年に再び「巡視」した結果、「窮巷」は、今宮付近の「木村裏」、「斎藤裏」、そしてこの「蜂の巣裏」や「廣田神社近傍の安宿」、あるいは、日本橋東筋の「小借家建ならび……一反の隙もなき程」にスプロールしている「勝蔓」や「新宅」に移行していると指摘するように（『大阪朝日新聞』明治三〇年一一月八日、一一月一〇日）、かつての名護町の周辺には、長屋とも木賃宿ともつかない建物（「木賃宿的日家賃制ノ長家」）の密集する地区が形成されていたのである。このことを指して「名護町の面目以前に比して一変せりといふも、名護町的貧民が大阪の社会に消滅せりといふにあらずして、其の半ば場所を変じて今日は天王寺村、今宮村、難波村の各所に移りて第二の名護町を作りつつあり」と横山源之助は述べているが、木曽のいう「再形成」は、あくまで第二章で論じた、そして先の記事で「長町立退」として言及されていた、一八九一年のスラムクリアランスをもって名護町の「下層社会」が周辺化した結果であることを強調しておきたい。

以上のように、木曽が前提とする①の契機は、主として「日本橋方面のスラム」の成立を念頭においての主張であると考えられる。このことは、「釜ヶ崎」の歴史を考える上で重要なことではあるものの、その成立に直接関わる事柄ではない。

「釜ヶ崎」に木賃宿が立地する基盤

それに比べて、資料中でもふれられている②はきわめて重要である。それは、一〇年後に二〇軒におよぶ木賃宿が立地し、「釜ヶ崎」が木賃宿街として成立する必要な条件であるからだ。

とくに補足しておきたいのは、「宿屋営業取締規則」には明記されていないものの、実際には、その許可地が限定されていたことである。

「木賃宿」　大阪で木賃宿といふと以前北では北野萬歳南では今宮五階下が本場で、その他には日本橋四五丁目に数十軒もあったが、近頃は市の体面に関はるからと云ふ議論で凡そ木賃宿と名の付く物を悉皆郡部に移転さしたそれで木賃宿といふ物は市内に一軒も無いやうになった筈であるが其処は便利なもので表面は宿屋、事実上は木賃宿であるのがまだ沢山存在して居る、公然木賃宿の免許を得ているのは西成郡で豊崎村字本庄、中津村字光立寺、今宮村字今宮、伝法村、鷺洲村字海老江、東成郡では今福村、天王寺村の各所で総計二百戸以上もあらう……。

（『大阪朝日新聞』明治三九年八月一八日）

ここには、「宿屋営業取締規則」によって、木賃宿が市外への移転を余儀なくされた結果、表面的には市内に木賃宿が存在しなくなったことが記されている。だが、それよりも重要なのは、木賃宿の免許地が存在し、なおかつそのなかには今宮村大字今宮も指定されていたことである。このことがなぜ重要かと言えば、大字今宮には、小字の「釜ヶ崎」が含まれるからである（図7）。この段階で、「釜ヶ崎」に木賃宿が立地する基盤は、少なくとも制度的には整っていたのだ。

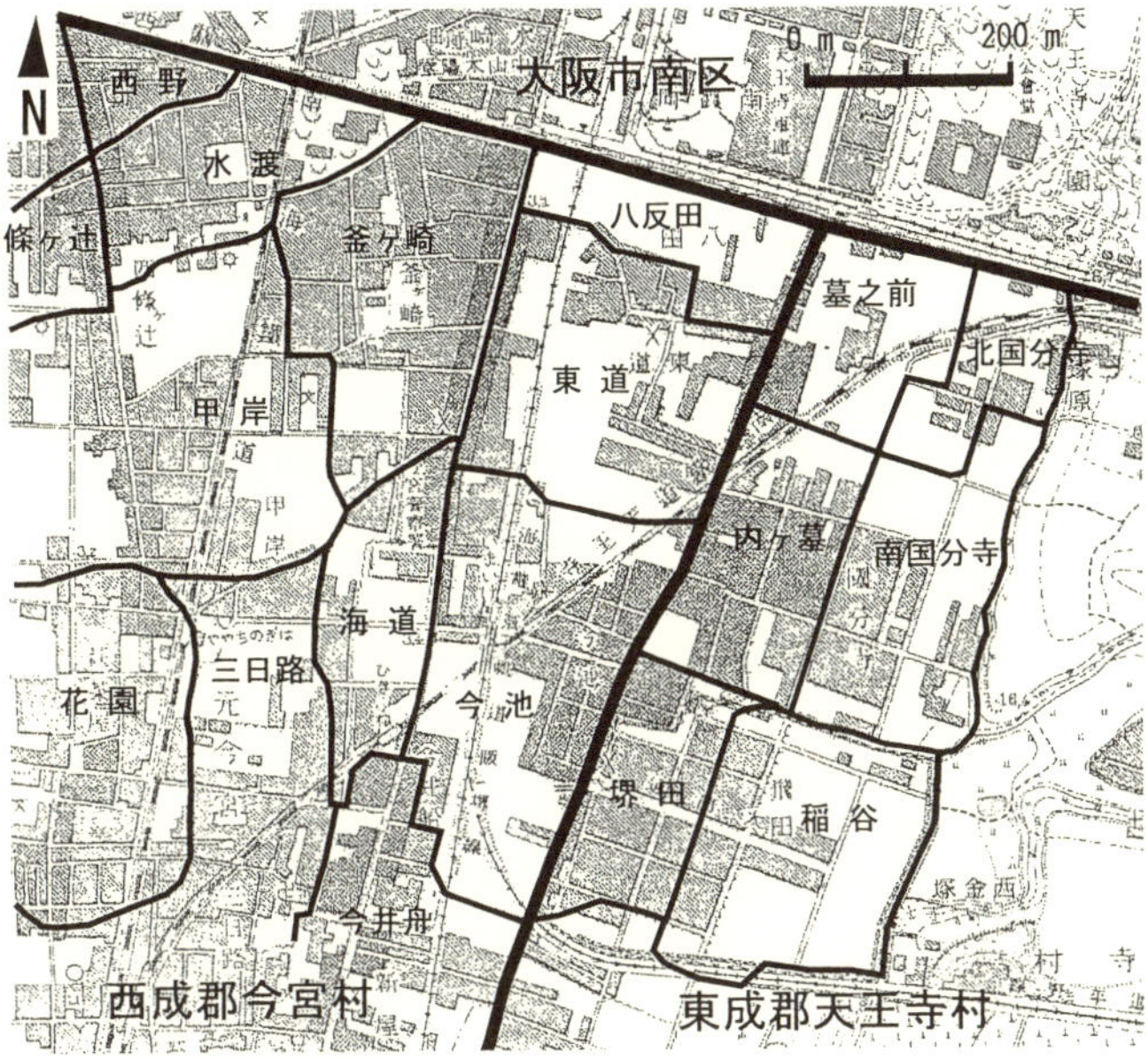

図7　「釜ケ崎」周辺の小字

地名は1910年現在の村名・小字名。１万分の１「大阪南部」1921年測図に加筆

　そしてここで問題となるのが、この②を受けて「釜ヶ崎」に木賃宿が立地し、③によって実際に旧名護町の住人がそこに移住したのかどうか、ということである。木曽の解釈は、資料中にある「此ノ方面ノ道路ノ改築其他ノ事情」に含まれると想定される名護町のスラムクリアランスを、前掲の『大阪百年史』を論拠として重視しているわけであるが、上記の資料にも名護町の「取り払い」などについては明記されていない。

　だが、問題なのは、そもそも周辺地区のスラムクリアランスは実行されたのかどうかということであり、仮にそうであったとすれば、どの場所をどの程度クリアランスしたのかを明らかにしなければならない。この点を、前掲の資料中の「其他ノ事情」と合わせて考察する必要があるだろう。

3 第五回内国勧業博覧会と名護町のクリアランス計画

目的は「貧民」の排除

一九〇三年、大阪では市域南部の今宮（現在の天王寺公園と新世界）付近を会場として第五回内国勧業博覧会が開催された（図8）。産業振興を目的とした内国博は、第一回（一八七七年）、第二回（一八八一年）、第三回（一八九〇年）がいずれも東京の上野で、第四回（一八九五年）が京都の岡崎で開催され、ようやく五回目にして初の大阪開催となったのである。事後的にみると、第五回内国博は会期（一五三日）、敷地面積（三七六〇〇〇平方メートル）、入場者数（約五三〇万人）ともに、過去最大の規模となった。会場の施設・アトラクションも新奇をてらうものばかりで、まさしく新世紀のイベントにふさわしい博覧会であった。

結果として大阪が近代都市として飛躍する契機になったことはたしかであるが、ここで注目したいのは、大阪初の大イベントの開催決定を受けて議論の俎上に載せられた市街地全般の整備構想である。会場の決定（一八九九年九月）、博覧会場の設営工事の開始とともに議論の焦点と

図8　第五回内国勧業博覧会会場正面

なったのが、会場に通じる最も重要な道路として位置づけられた日本橋筋であった。

当時の日本橋筋は、「道幅狭くして馬車人力車等の輻輳に便ならざる」（『大阪朝日新聞』明治三四年六月二二日）状況であったことから、路幅の拡張や交差点の「角切り」など、当初から市当局によって整備計画が打ち出されている。そして、この街路整備計画には、日本橋筋の会場近辺にある「貧民部落の処置」も含まれた。

開会が一年後にせまった一九〇二年三月、『大阪朝日新聞』はその第一面に「博覧会と名護町」と題する記事を掲載し、この「貧民部落の処置」を「名護町」の問題として明確化した。

当市に於ける第五博覧会場へ通ずる道路の狭隘なるに就ては既記府市当局者に於て予て拡張の計画をなしたるも多額の費用を要すると

人家取払ひ若くは切縮めの困難なるに因り未だ実行の運びに至らず先づ泣寝入に了らん模様なる上茲に忍ぶべからざる不体裁は南区日本橋筋四五丁目の貧民部落是なり、同所は先年府の長屋建築規則に拠り最も見苦しき家屋は家主をして改築せしめ家賃をも引上げし為多少貧民は減じたるも矢張同所に住めるは別種族にして汚くるしき身装の儘路傍に徘徊し而も博覧会正門の入口に当り梅田停車場より会場への要衝に当り其儘に存し置くは独り市の体面に関するのみならず実に国家の面目に係る次第なれば当局者に於て速かに此貧民を他へ移す方案を講ぜざるべからず最も……名護町の如きは貧民とは言へ普通人民なるを以て行政庁の権力にては故なく退去を命ずる訳に行かず已むを得ずば警察署に於て十分取締をなすか又は家主をして表家裏家に拘らず悉皆改築し更に家賃を引上げ為に貧民の住居に堪へざるより自然退去するが如き策を取るより外なかるべく兎に角会期切迫の今日当局者の之に対する処分の断行を希望する者ありといふ

（『大阪朝日新聞』明治三五年三月一四日）

書き出しは、遅々として進まない道路の拡幅工事に対する苦言のようにも思われる。しかしながら、問題はそれだけにとどまらない。一八九八年に名護町を訪れた横山源之助が「日本橋五丁目の路次に入れば、路次口広く家屋は概ね新らしけれど……大阪裏面の消息を尺幅の裡に掬するを得るもの多々見受けられ」ると記しているように、ここではただ「狭隘」な街路や会期に多くの観客が目にすると想定される都市の景観、つまり名護町の長屋建築そのものが問題

化されているのではなく、むしろ名護町の住民とその生活様式に対して差別的なまなざしが向けられているのである。このことは、「名護町」住民を「別種族」と位置づけていることからも明らかであろう。

　また、同時期に開催された政友会支部会の席上では、「博覧会の為にアノ辺の道路や家屋は却々《なかなか》奇麗になる様だが人間が汚なくていけんから給水の許す限り洗湯業者に交番して施行風呂（無銭入浴）をたかしむる要あり」（『大阪朝日新聞』明治三五年五月二一日）という発言もなされており、「不体裁は南区日本橋筋四五丁目の貧民部落是なり」という主張の背後には、「名護町」よりもむしろ、そこに暮らす住人（「貧民」）を分類（＝差別）するまなざしが存在していたことを示している。このことは、逢坂付近で「立坊」と称される荷車の後押しや先曳きを勤める「襤褸」をまとった「無宿」の労働者が、「此種貧民を取締るは社会上必要」であるとして、警察によって統制されたことにも見て取ることができる（『大阪朝日新聞』明治三五年七月一日）。

　名護町の場合も、その対策は、警察による「取締」、あるいは「家主をして表家裏家に拘らず悉皆改築し更に家賃を引上げ為に貧民の住居に堪へざるより自然退去する」ことに求められた。要するに、「博覧会と名護町」に示された意図は、「貧民巣窟」の長屋建築（「不潔家屋」）の「改良」ではなく、「貧民」としての住民を排除することにあり、「不潔家屋」の改築や取り払いは、あくまで住人である「貧民」を追い出すための手段にすぎなかったのである。こうした発想は一八八七年の取り払い計画や、一八九一年に実行された取り払いとまったく同じである。

「博覧会と名護町」が掲載された時点で拡幅工事はまったく進捗していなかったにもかかわらず、掲載直後に名護橋以南東側一帯の「延長約四十間に建列ねたる十余軒の矮屋」(『大阪毎日新聞』明治三五年五月二一日)が、閉会後の再建許可を条件として、「少々は寛ろぎたる姿なり」と形容されるくらいに取り払われた(『大阪朝日新聞』明治三五年五月二〇日)。この他には、会場に近接する逢坂付近の町が「随分場末の土地柄なればその付近は穢き家の立込みて如何にも見苦しい」との理由で、長屋一棟(二六戸)が取り払われている(『大阪毎日新聞』明治三五年四月一八日)。そして日本橋筋は、天皇の通行路として内定したことから、一九〇二年末に左右両側を一・二メートルずつ拡幅する工事が行なわれた(『大阪朝日新聞』明治三五年一〇月八日、一一月八日、一一月一三日、明治三六年一月八日)。

大規模なクリアランスは行なわれたか?

このようにみてくると、博覧会に備えて確かに日本橋筋の拡幅工事が行なわれ、名護橋の南側では十数軒の「矮屋」が取り払われたようだ。しかしながら、名護町に対して「表家裏家に拘らず悉皆改築」するというような、大規模な面的クリアランスが実際に行なわれた形跡はみられない。また、道路の拡幅にしても、二・四メートルであるとはいえ、「表店」に対する「軒切り」であるとするならば、「貧民」の居住する裏店としての「不潔家屋」はそのまま残されたのではないだろうか。たとえば、「一部の矮屋」が取り払われた名護橋南側の跡地には、大阪市が平屋の「大長屋」を建築して商店として貸与すると同時に、屋上に広告掲示板を設置して、「来観者をして不愉快の念を起さしむる」ことのないように、「会場付近〔の〕見苦しき矮屋」や「背後の不潔なる家屋」を覆い隠す（『大阪毎日新聞』明治三五年五月一四日、『大阪朝日新聞』明治三五年八月二三日）、同じく、取り払うことのできない「穢陋」の「各路地に目隠しを設け尚通路家屋の不潔部分へは広告」を設置して覆い隠す計画があったことを前提にすれば（『大阪朝日新聞』明治三五年八月五日）、木曽が重視するほどのスラムクリアランスが行なわれたとは考えにくい。

したがって、「旧長町の住人たち」が「釜ヶ崎へと移動した」理由は、「大阪市ニ於ケル細民密集地帯ノ廃学児童調査ト特殊学校ノ建設ニツキテ」で指摘された「（此ノ方面ノ道路ノ改築）其他ノ事情」に求めたほうがよいと思われる。また、もう一つの考え方として、内国博覧会の開催された一九〇三年と、釜ヶ崎の成立年を比較すれば、おのずとその理由も明らかになるだろう。

4　「釜ヶ崎」の成立とその背景

「釜ヶ崎」の成立はどのように語られたか

一九一〇年を前後する頃から、「釜ヶ崎」の「木賃宿」が視覚的に現前しはじめたことにより（図9）、地区の成立した事情もまた、さまざまに語られはじめる。そうした語りをつうじて、「細民ハ木賃宿ヲ中心トシテ市外今宮町及豊崎町方面ニ移動セサルヲ得サルコトト」なった「道路

図９　1910年ごろの「釜ケ崎」の木賃宿

ノ改築其他ノ事情」も明らかになってゆく。いくつかの例をあげてみよう。

たとえば、「電車と警察とに追払はれた日本橋筋の最下級民と無頼の徒とが落ち延びた先は旧関西線の鉄橋を潜った住吉街道の戸塚である」（『大阪朝日新聞』明治四四年一〇月一七日）という新聞記事は、「其他ノ事情」が「電車と警察」であることを明確に示している。ここに指摘された「電車」とは、第五回内国勧業博覧会における日本橋筋の工事につづいて行なわれた、市電第一期線の敷設にともなう日本橋筋三～五丁目のさらなる拡幅工事を（図10）、そして「警察」とは、難波署が一九〇六～一九〇七年にかけて日本橋筋東西の裏長屋に対して数回にわたって徹底的に実施した「貧民窟の掃蕩」あるいは「無頼漢狩」を指していると考えられる（『大阪朝日新聞』明治三九年九月一二日、明治四〇年七月九日、明治四一年六月五日）。とくに後者の場合、署長の谷口武兵衛以下「警部巡査総出で……大挙して貧民窟中より罪悪の分子を除去すること」を目的とし、「悪人は他へ放逐」（『大阪朝日新聞』明治三九年七月三日）したという。

さらに、「元の名護町、又は今宮の端々に巣を構へた悪貧民共は四五年前〔一九〇四～一九〇五年〕

に追払はれて、阿倍野の南に新台湾といふ恐ろしい一部落をこしらへた」(『大阪朝日新聞』明治四二年六月二五日)、あるいは『大阪市住宅年報(昭和元年)』の「六大都市に於ける不良住宅地区の沿革」の「今宮 釜ヶ崎」の項目では、「……大阪市の発展に伴ひて下寺町広田町方面に巣食っていた細民は次第に追ひ出されて南下し郊外に安住の地を求め帰せずして集団したるが現在の釜

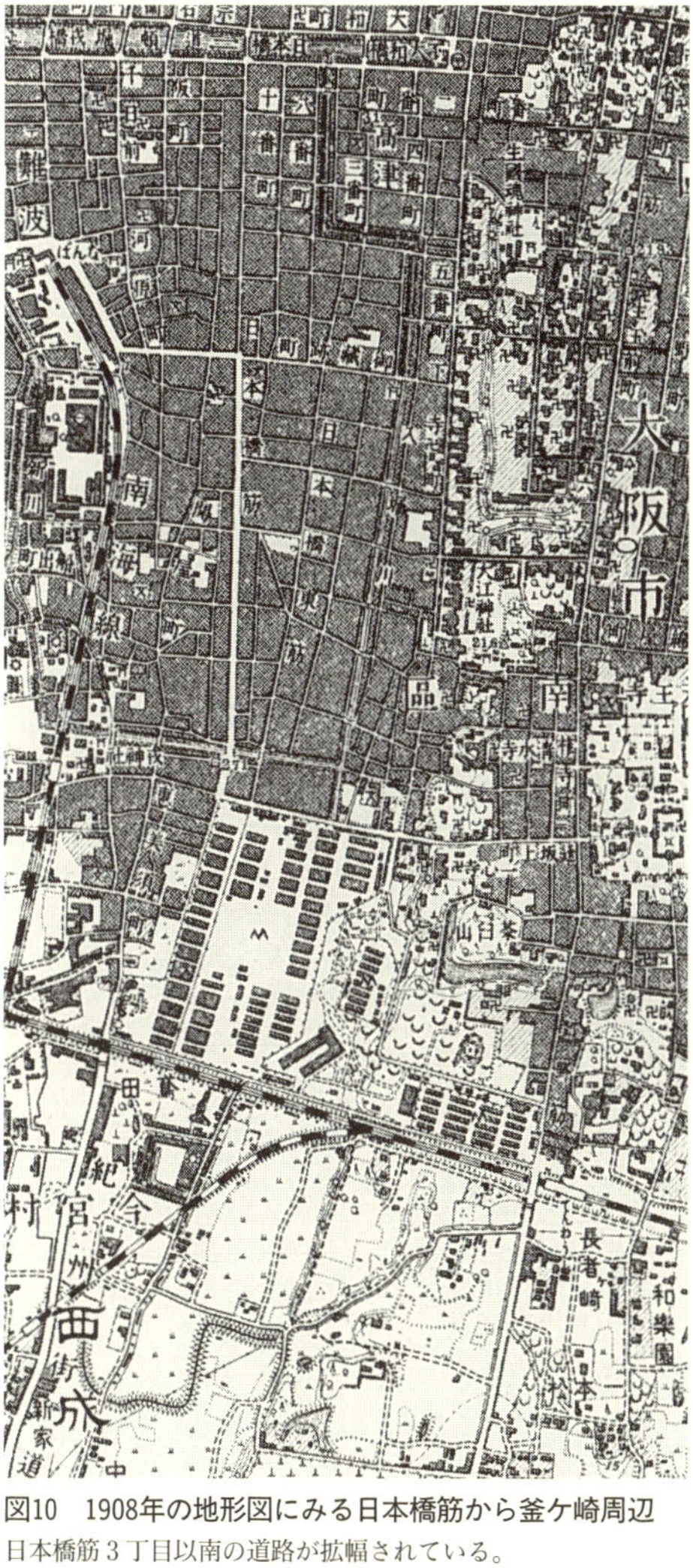

図10　1908年の地形図にみる日本橋筋から釜ケ崎周辺
日本橋筋３丁目以南の道路が拡幅されている。

ヶ崎にして其処に稲荷町という純長町細民部落を形成するに至った」と述べられている。これらの語りは、なかば強制的に排除された住民たちの落ち着き先が、「新台湾」と呼称される地区（所在地は不明）や釜ヶ崎の木賃宿街であったことを示している。

以上の資料では、「放逐」され、「追払はれ」、「追ひ出され」た理由が、「警察と電車」もしくは不明であるものの、いずれも博覧会による道路の拡幅や「矮屋」のクリアランスをその理由としていないこと、そして、理由はどうであれ「追払はれ」、「追ひ出され」た時期は一九〇四～一九〇七年（あるいはそれ以降）であることは共通している。

この点を踏まえて「釜ヶ崎」の成立時期を考える時、「大阪市ニ於ケル細民密集地帯ノ廃学児童調査ト特殊学校ノ建設ニツキテ」の「今宮町の木賃宿」という項目に書きとめられたつぎの一文はひじょうに興味ぶかいものとなる。

……最近ノ調査ニ依レハ此等四十八軒カ有スル室数総計一千六百七十八、宿泊人口四千百四十七ニ達ス一夜泊リノ客ハ極メテ少ナク（毎日約百人位）他ハ悉ク定客ニシテ長キハ明治三十七（一九〇四）年当地木賃宿ノ創立以来ノ者モアリ（約百人位）……

一九二一年の時点でおよそ一〇〇〇人が、「釜ヶ崎」に木賃宿が「創立」された一九〇四年以来、居住していたというのである。新聞記事や一連の社会調査で釜ヶ崎の木賃宿の成立年が具体的に示された報告は他になく、この記述については検証のしようもないが、ここまで検討してきた成立時期から大きくはずれるものでもなく、成立年を示す有力な資料であると言えるだろう。

いずれにしても、一九一〇～一九二〇年代の「釜ヶ崎」の成立に関する語りが示しているのは、博覧会以後の市電敷設工事、「貧民窟の掃蕩」を主とする「其ノ他ノ事情」を段階的な、そして複合的な契機として、強制的に移住させられた者たちを受容するために木賃宿が建設された、あるいは逆に受け入れた木賃宿を核として「釜ヶ崎」が形成されたということであり、その存在さえ不確かな「名護町」のクリアランスが直接の契機になったとは考えられない。

ところで、『まちに住まう――大阪都市住宅史』のなかで多治見左近は、大正期の大阪南部には、「飛田」に「木賃宿街」が存在したことを指摘している。[9]「飛田」（「鳶田」）といえば近世大坂の刑場を兼ねた墓地の跡地であり、地名の上では、紀州街道を挟んで「釜ヶ崎」と隣接する地区でもある（図10参照）。はたしてこの「飛田」にも「釜ヶ崎」と同じように木賃宿が立地していたのであろうか。あるいは、本間啓一郎は「釜ヶ崎小史試論」[10]のなかで、一八九六年に「飛田」に開業したマッチ工場である「電光舎」を核として「釜ヶ崎」が形成されたと論じている。『まちに住まう』の「飛田」と本間の「飛田」とが仮に同じ地区であるとするならば、この二つの説を合わせて考えると、「飛田」の「電光舎」を中心にして「木賃宿街」が形成され、後にそこが「釜ヶ崎」と呼ばれるようになった、ということになる。

「飛田」の木賃宿街

一九〇四年以降に形成されたと思われる木賃宿街は、どうやら、成立当初から「釜ヶ崎」と呼ばれていたわけではないようだ。木賃宿街の地区名としての「釜ヶ崎」の定着について、前述の「飛田」起源説を批判的に検討することで明らかにしてみよう。

市に接近せる郡部即ち鷺洲村、長柄、今宮等には多数の木賃宿あり各種の労働者、法界師、阿房陀羅経、羅宇仕替、按摩、六部、辻占売、下駄の歯入、紙屑拾ひ、易者、山伏、虚無僧其の他有らゆる浮浪生活をなせるものが一夜六銭乃至八銭位の宿料にて泊り込めるもの毎夜二三千人に上れる由なるが彼等の内には前科者多く殊に今宮、天下茶屋の一部落には備前屋、平野屋、堺屋、日吉屋、春来屋、玉屋、尾張屋、三笠屋、京屋、泉屋、鶴屋、三河屋など称する間数其の他の設備割合に大きな木賃宿がズラリと軒を並べて別天地を画し……。

(『大阪朝日新聞』明治四三年二月四日)

これによると、今宮と天下茶屋の間に位置すると思われる一地区に、「大きな木賃宿」が軒を並べて「別天地」を形成しているという。さらに、「天下茶屋より今宮に亙れる昔の処刑場にて名高き飛田に二十余軒の木賃宿ありて毎夜大阪市内に入り込める下等労働者、物乞などの連中が宿泊し居る……」(『大阪朝日新聞』明治四三年二月二五日)という記事から、上記の「今宮、天下茶屋の一部落」は「飛田」であることがわかる。つまり、「飛田」には、たしかに「木賃宿」が立地していたのだ。とはいえ、「木賃宿」は「飛田」の広い範囲にわたって立地していたわけではなく、「昔の刑場で有名《なだか》い飛田、今は西成郡今宮村の住吉街道に面して木賃宿が何軒となく並び居れり」（『大阪朝日新聞』明治四三年一〇月二四日）というように、紀州（住吉）街道に面して建っていた。

ここで再び図10を確認してみると、「釜ヶ崎」とは紀州街道を挟んで隣接している「鳶田」に、街道に沿って集積している建物群を読み取ることができる。それ以前には陰も形もないものだ（図11）。どうやらこれが、「住吉街道に面して何軒となく並び居」る「木賃宿」のようである。つまり、「今宮」の木賃宿街は、当初、街道の東の飛田側に形成されていたのだ。

では、「飛田」にあるこの木賃宿街は、電光舎を核として形成されたのであろうか。図10から判断すると、電光舎と「飛田」の木賃宿街の間は、いまだ墓地となっており、とても一体化した地区であるとは思えない。「市外天王寺では噂も高き新台湾、同じく今宮では鳶田（飛田）または例の電光舎舎宅附近などが即ちこの別天地である」（『大阪朝日新聞』明治四二年一二月三〇日）という飛田と電光舎を区別する語りは、このことを証明している。師団から出る残飯を「貧民の便利を図ってその巣窟地に出張店又は小売店を設けて」販売する「残飯屋」の老舗が、一九〇六年末に今宮の「新家」と「飛田」に「出張店」を同時に開業しており（『大阪朝日新聞』明治四〇年一月二七日）、「新家」は電光舎付近であると考えられることから、当初から個別に「貧民」の居

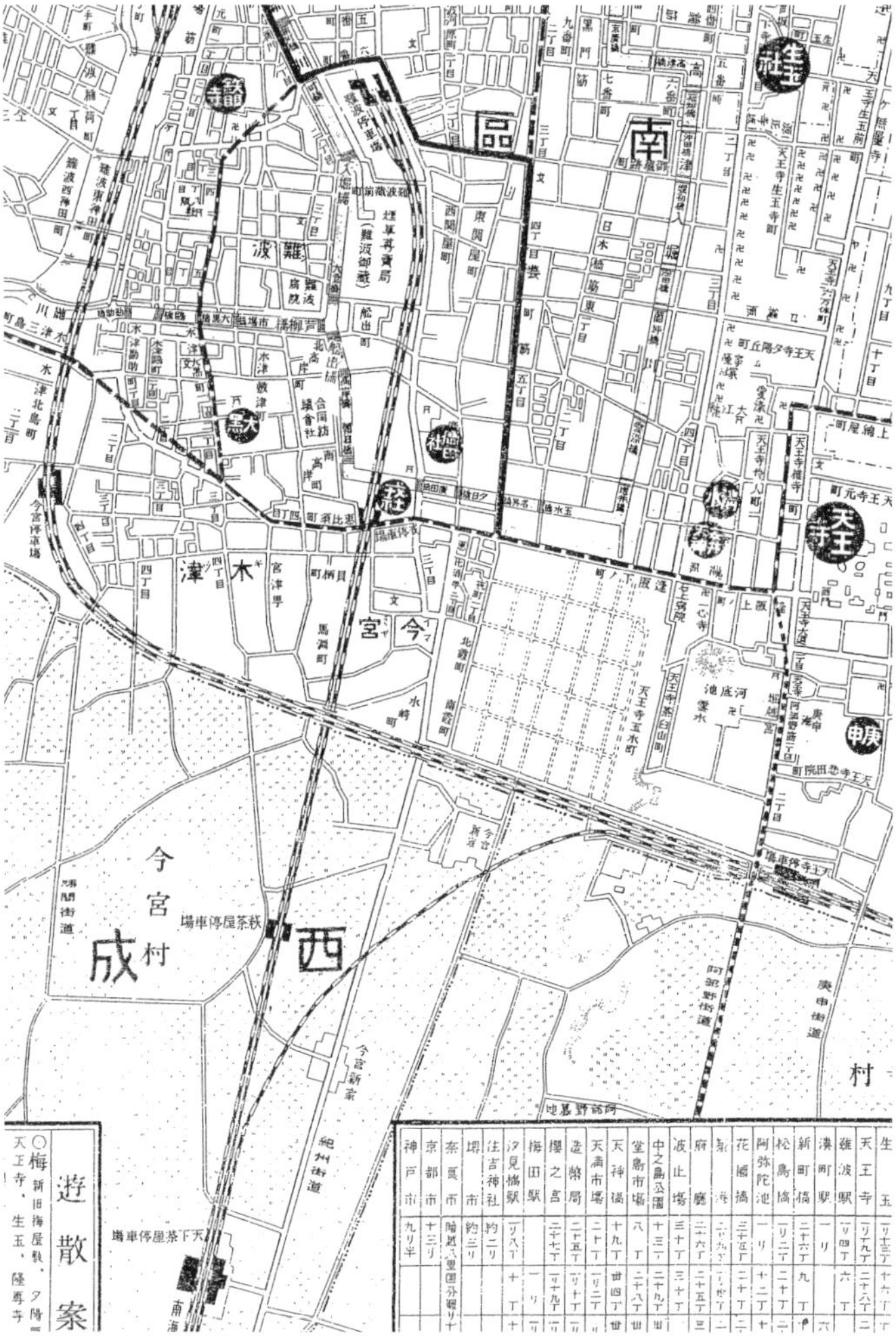

図11　1908年以前の「釜ケ崎」付近

住地区が形成されていたと思われる。したがって、「飛田」の木賃宿街は街道に面して独自に形成されたと考えたほうがよいであろう。

「釜ヶ崎」の形成

では、「飛田」と「釜ヶ崎」の木賃宿街は別なのであろうか。このことは、一九二〇年代の社会事業の展開に合わせて頻繁に行なわれた社会調査において、「釜ヶ崎」が「細民密集地帯」、「不衛生住宅地区」、あるいは「過密住宅地区」として調査対象となるなかで確定されていった、その位置と範囲から明らかになる。たとえば、すでに使用している「大阪市ニ於ケル細民密集地帯ノ廃学児童調査ト特殊学校ノ建設ニツキテ」の「今宮の木賃宿」という項目では、「大阪市内恵美須町市電車庫ノ南方関西鉄道線ノ『ガード』ヲ潜リ紀州街道ニ出ツレハ南方三四丁ノ間本街道ノ両側ニ（特ニ西方ニ多シ）四十八軒ノ木賃宿アリ」と記されている。武田麟太郎が小説『釜ヶ崎』[11]で描き出したように、「ガード下」は「釜ヶ崎」の通称であった。あるいは、一九二六年一月調査の「過密住宅地区調査」では、「当地区ハ省線関西線以南、南海鉄道本線以東、南海鉄道阪堺線以西ノ一地区ニシテ俗ニ釜ヶ崎ノ称アル……西成郡東入船町及（西）入船町コレニ当（ル）……」として、**図12**に示される東入船町・西入船町の範囲が俗称「釜ヶ崎」の範囲として確定されている。

図7で確認したように、「釜ヶ崎」はもともと小字であった。ところが、小字としての「釜ヶ

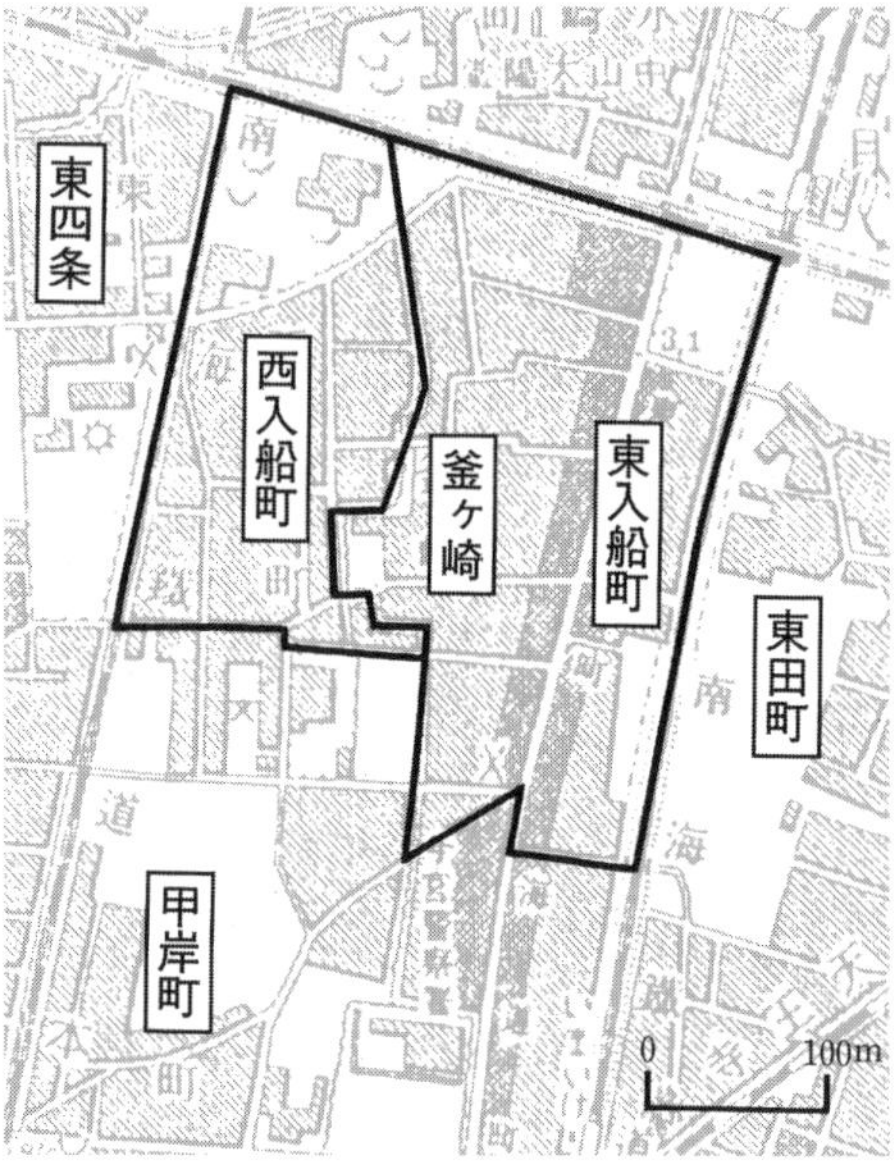

図12　東西の入船町

崎」の地名が消え、東入船町と西入船町とに改称され、なおかつ、東入船町には街道を挟んだ「飛田」の一部も組み入れられた結果、東入船町・西入船町全体の俗称として「釜ヶ崎」が定着したのである。あるいは、あえて街道の向かいにある飛田側の木賃宿も含めて「東入船町」という町域を設定したのは、「釜ヶ崎」を一体的な木賃宿街として捉えるねらいがあったとも考えられる。

「釜ヶ崎」という呼称は一九一五年を前後する時期から使われ始め、一九一八年の米騒動以降に定着している。したがって、「飛田」と「釜ヶ崎」の双方に木賃宿街が存在したのではなく、最初に飛田側に立地した木賃宿が、その後、電光舎の工場の敷地になかば発展を阻まれるかたちで、街道西側の東入船町に集積していったと考えるべきであろう（表7も参照）。

このように考えれば、前節で引用した「今宮界隈」という見出しで「電車と警察とに追払はれた日本橋筋の最下級民と無頼の徒とが落ち延びた先は旧関西線の鉄橋を潜った住吉街道の戸塚である」と指摘する記事のなかの「戸塚」が、おそらく「釜ヶ崎」内であること、したがって、「釜ヶ崎」の形成要因が、市電の敷設と警察による「貧民」の取り締まりにあったと推測できるのである。

ところで、「釜ヶ崎」は、けっして木賃宿ばかりからなる地区というわけではない。たとえば、一九一〇年代半ばにはつぎのような記述がみられる。

> この一画は全く無警察と称せられて居る処で、専売局の裏手、南海電車線路以東、鉄道官選堤防以南一帯の裏長屋で、地名は今宮村大字釜ヶ崎といふ、彼方此方に幾棟かの九尺二間の裏長屋が燐寸箱のやうに並んで居て、約二三百軒はあるだらうと思はれる、其の多くは木賃宿、傭夫、紙屑拾、古物商、土方人夫の社会の最下級におちこんだ先生方である、その中に交っているのが問題の地獄屋（売春宿の謂）でその数が約五十軒である……
>
> （『大阪朝日新聞』大正五年五月二五日夕刊）

また、「木賃宿附近一帯ノ地ハ殆ント細民窟ト云フモ不可ナシ」と言われるように、一九二〇年代以降の社会調査においては「木賃宿」と「不良住

表7　1926年の地区概況

	住宅			木賃宿		
	戸数	世帯数	人数	戸数	室数	宿泊人数
東入船町	400(132)	201(175)	(613)	38	1410	2780
西入船町	293(180)	499(267)	(934)	7	244	552
計	693(312)	1700(442)	(1547)	45	1654	3332

※(　)内は過密住宅数。「過密住宅地区調査」より作成

宅」とが混在して密集する地区として認識された。まさしく水内俊雄が指摘したように、「木賃宿を核に一大下層民街」が形成されたのである。[12]

5 景観と政治

本章では、現在は寄せ場として知られている「釜ヶ崎」が木賃宿街として成立した事情を明らかにした。従来の研究はその理由を第五回内国勧業博覧会に先立って実施されたとされるスラム（「名護町」）のクリアランスに求めてきたが、スラムクリアランス自体の存在が疑わしく（もちろん、「街路改良」と銘打った一部の「矮屋」の取り払いは実施されたのであるが）、この一九〇二年の出来事が「釜ヶ崎」成立の直接的な契機になったとは考えにくい。また、単純に都市の近代化あるいは工業化過程における人口の増大、市域の膨張にともなって形成されたインナーシティの一部であるとみなすわけにもゆかないだろう。

木曽論文を検討するなかで明らかにしたように、一八九七年の市域拡張を前提とした一八九八年の「宿屋営業取締規則」は、「釜ヶ崎」に「木賃宿」を立地せしめる制度的な基盤となっていた。つまり、一九〇〇年前後まで名護町周辺に集積して営業をつづけていた「木賃宿」が、警察の強制的な手続きによって廃業もしくは立ち退きを余儀なくされた場合、営業の継続を目的として近傍の「釜ヶ崎」に移転することは、ある意味で行政側には織り込み済みの行動であった可能性さえあるのである。
　こうした意味において、「釜ヶ崎」とは、一九〇〇年代の都市政策が複雑にそして時に偶然的に絡み合うなかで創出された場所であり、都市空間をめぐる政治は「木賃宿街」という景観のなかに如実に刻み込まれているのである。

注

1　大阪市役所『大阪市域拡張史』大阪市役所、一九三五年、四三四―四三五頁。
2　前掲、大阪市役所『大阪市域拡張史』四三五頁。
3　大阪府『大阪百年史』大阪府、一九六八年、八三五―八三六頁。
4　大阪市社会部調査課編『大阪市住宅年報（昭和元年）』（大阪市社会部報告六五号）、一九二八年、一七七頁。
5　木曽順子「日本橋方面・釜ヶ崎スラムにおける労働＝生活過程」（杉原・玉井編『大正　大阪　スラム――もうひとつの日本近代史』新評論、一九八六年）六五―六六頁。
6　前掲、木曽「日本橋方面・釜ヶ崎スラムにおける労働＝生活過程」五九―九四頁。
7　帝国地方行政学会出版部『加除自在現行大阪府令規全集』第二綴、第一一類、一九〇五年。
8　大阪市役所教育部「大阪市ニ於ケル細民密集地帯ノ廃学児童調査ト特殊学校ノ建設ニツキテ」（大阪市立大学学術情報総合センター「関文庫」の『不良住宅ニ関スル資料』に収録）、一九二一年調査。
9　大阪市都市住宅史編集委員会『まちに住まう――大阪都市住宅史』平凡社、一九八九年、三〇〇頁。
10　本間啓一郎「釜ヶ崎小史試論」（釜ヶ崎資料センター編『釜ヶ崎　歴史と現在』三一書房、一九九三年）。
11　武田麟太郎「釜ヶ崎」（『昭和文学全集　第十三巻』小学館、一九八九年（原著は一九三二年））。
12　水内俊雄「工業化過程におけるインナーシティの形成と発展――大阪の分析を通じて」『人文地理』第三四巻、一九八二年。

第四章　黒門市場の成立事情

1　黒門市場の起源

老舗の鮮魚店がたちならぶ伝統的な商店街であり、「浪速の台所」としてひろく知られている黒門市場（大阪市中央区日本橋一丁目）。手元にある『黒門市場』と題されたパンフレットには、大阪の町とともに歩んできた市場の歴史がつぎのように記されている。

古書の摂陽奇観に「文政五年～六年の頃より毎朝魚商人、此の辺に集まりて魚の売買をなし、午後には諸方のなぐれ魚（売れ残りの魚）を持ち寄りて売り捌くこと南陽の繁盛なるや」の記述があり、これが現在の黒門市場のはじまりです。……明治三五年二月に大阪府の公認市場として認可後、明治四五年の難波の大火災や昭和二〇年三月の戦災で焼失したものの、黒門商人の心意気とお客様のご贔屓で復興し発展しました。

このパンフレットに記された市場の歴史は、下元信行『黒門市場史』にもとづいてまとめられている。(1)詳細を知るために同書に目を転じてみると、その起源からおよそ百年にわたる歴史のなかで、なんらかの史料にもとづいた史実の記載はきわめて少なく、どれも推定の域を出ないことに驚かされる。このことは、下元が述べているように、同書が「資料、史料がほとんどない状態で……作成」されたことに起因している。(2)さらに下元は、資料が少ない理由を、黒門市場が「貧民街」（名護町）に近接する「品のよくない市場としてスタートした」ことから、「明治大正に至っても活字の上で無視されつづけてきた」ことに求めた。(3)

しかしながら、一九二〇年代以降に出版された市場調査の報告書には、黒門市場は、その成立の経緯も含めて必ず記載されているので、「資料がほとんどないの」ではなく、たんに著者自身の資料調査が不充分であったと言わざるをえない。

とはいえ、『黒門市場史』は、『摂陽奇観』の記述から市場の起源が文政（一八一八〜一八二九）年間の日本橋付近における泉州魚商人の立ち売りにあること、そして、明治期にも「市」が継続され、時代とともに「市」の場が堺筋にそって南へ移動した結果、「明治中期」に現在の市場の「原形」ができあがったと指摘しており、(4)これらの推論は黒門市場の歴史を考察する上で一応の出発点にはなると思われる。

これに加えて、下元は同書で「黒門市場」という名は、明治末期まで近傍にたち、一九一二

（明治四五）年の「南の大火」によって全焼した圓明寺の門が黒かったことに由来するという説を展開している[5]。また最近になって、黒門市場ではこの説にしたがい、文字どおりの「黒門」を「復活」する工事に着手した[6]。こうした名称の由来とされる圓明寺説についても、黒門市場の成立を考える上では地理的な手がかりになると思われるので、最後に手短に言及することにしたい。

まず、市場の起源については、「大阪天満青物市場年暦沿革[7]」で、寛文〜貞享（一六六一〜一六八七）年間に日本橋における新市の嘆願が却下され、高津新道の青物問屋に対して禁止命令が出されたことが記されており、こうした周辺の動向を考えるとその起源はさらにさかのぼる可能性もあるが、ここでは、「明治中期」に市場の「原形」ができあがり、それを大阪府が一九〇二（明治三五）年二月に「公認市場として認可」したという解釈の妥当性を検討してみたい。この検討をつうじて、日本橋のたもとに自然発生的に立っていた市が明治のどの時期に現在の位置に移動したのか、そして移動した理由、つまり立ち売りから常設店舗へと営業の形態を変えた理由を明らかにしてみよう。

まず、本論に入る前に、大正〜昭和戦前期に出版された市場調査の報告書を資料として、黒門市場が成立した時期を検討してみたい。印刷された報告書としてはもっとも古いと思われる『青物魚類市場調査[8]』には、黒門市場の概略がつぎのように記されている。

大阪黒門市場は大阪南区高津九番丁に在る。市場は普通家屋で、其の建坪千三百坪。明治三十五年に創設せられ、表面は大辻長兵衛といふ人の個人経営になって居るが、土地及び家屋の所有者は数人に及び、地域内の営業者の組織せる青魚会に依って市場の取締は行はれて居る。

この調査には、「大阪黒門市場」は一九〇二（明治三五）年に「創設」されたとある。さらに、『大阪市魚市場調査』(9)では、「明治三十五年二月の許可により黒門市場と称」すとされ、『大阪市蔬菜果物市場調査』(10)にも同様の記述がみられた。このことから、黒門市場は一九〇二年に成立したとみて間違いないだろう。だが、『青物魚類市場調査』には「創設」された月が明記されず、『大阪市魚市場調査』と『大阪市蔬菜果物市場調査』には「二月」に市場の設置が「許可」されたとしか記されていない。つまり、この三つの調査報告からは、二月に「許可」された市場が、その後何月に高津九番丁で常設の市場として「開設」されたのか、そして、「許可」されたのがなぜ一九〇二年二月であったのかはわからない（合わせて、市場の名称「黒門」の由来も不明である）。

実のところこの問題は、第三章で論じた第五回内国勧業博覧会の開催にともなう市街地整備と密接に関連していたのである。

2 「博覧会と名護町」の周辺で

大阪初の大イベントとなる第五回内国勧業博覧会が、一九〇三年、日本橋から南およそ一五〇〇メートルに位置する今宮付近を会場として開催された。すでに述べたように、内国博の開催に向けた大阪市の課題は、街路の拡幅を中心とする市街地の整備であった。「大阪の街路は如何にも狭隘で、運輸交通上の不便」があることを指摘する『大阪毎日新聞』の論説は、その「改良」の方策として、①「街路の取締を励行すること」、②「私有濱地を返却せしめ道路を取広むること」、③「街路の角を角切となし其障害物を除去すること」、④「街路に開設せる市場を改良すること」、⑤「新市街の街路設計を速かに確定施行すること」の五点をあげている（『大阪毎日新聞』明治三五年四月二六日）。多くの観客の来阪・来場が予想されるなかで、市街地における円滑な交通・運輸を実現するためには、会場にいたる「街路」のある程度の幅の確保は、絶対的な条件だったわけである。

しかし、問題はそれだけにとどまらなかった。会場へのいわばメインストリートとなるべき日本橋筋では「道路取拡反抗運動」も起こったとはいえ（『大阪毎日新聞』明治三五年三月一四日）、実を結ぶことはなく、一～五丁目における拡幅や名護橋南詰の「角切」が実行され、第三章で引用した「博覧会と名護町」と題された記事にみられるごとく、会場近辺にある「貧民部落の処置」も問題化されたのである。

「博覧会と名護町」につづいて、「博覧会場付近の矮屋」という記事が同じく『大阪朝日新聞』に掲載された。この記事では「博覧会場付近」の恵美須町の「貧民巣窟」の取り払いを主張しながらも、「名護町」の場合と同様、「市の体面上」問題としたのは、住民とその生活様式である。

> 博覧会場敷地付近に存在する貧民家屋取払問題は博覧会施設事項の一にして積極的に清掃せんと欲すれば貧民巣窟と指称せらるる恵美須町付近は勿論同町に連続せる日本橋筋五丁目の各横小路に迄及ぼさざる可らず、現に是等道筋は朝夕付近の貧民が小買物の為に群集して市を為し車馬の通行は遮断せられ彼等が衣服挙動に一見不快の感を起さしむるを以て市当局者は市の体面上是非共之を清掃せんとの希望なれど何分にも移転料若くは種々面倒なる事情あるに由り斯かる積極的の事業は到底今日実行し得られざればとて責めて単に恵美須町の内表通りにて最も不体裁なる部分のみにても取払ふの外なかる可しとの議あり来月一日市博覧会委員会の問題たるべしと云ふ
>
> （『大阪朝日新聞』明治三五年四月二七日）

「貧民」の「衣服挙動」が「不快」であることを問題視し、「市の体面」を理由として「貧民」の排除を求める論調は「博覧会と名護町」となんら変わりないが、「朝夕付近の貧民が小買物の

為に群集して市を為」すことが、交通を妨害しているという指摘は興味ぶかい。というのも、この「博覧会場付近の矮屋」が掲載される前日に大阪毎日新聞の論説が「街路に開設せる市場を改良する」ことを主張し、同日には、具体的につぎのような提言をしているからである。

青物その他の市を往々街路に開設して、殆ど交通の出来ぬ様になって居る所がある、此等は多年の慣行でやって居るのであるから、現今の儘では十分の取締は六ケしからうが、多少取締の付かぬこともなからうから相応の取締方法を設けて余り往来交通の妨げにならぬやうにしたいのである、シカシ全体市場は別に街路の外に設けしむることとなし、街路は往来交通の妨にならぬやうにせねばならぬのである、故に此等も相当の年限を仮して改良を図ん事を望むのである。

(『大阪毎日新聞』明治三五年四月二七日)

恵美須町の「市」がその後に「取締」の対象になったかはさだかでないが、この記事が掲載される数カ月前、ある「市」が交通の妨げになるという理由で、街路から排除されている。それは日本橋のたもとに立つ「市」であった。

3　黒門市場の成立事情

黒門市場が現在の場所で営業するにいたった理由は、下元『黒門市場史』でも曖昧にされているように、既存の研究ではまったく論じられていない。しかし、原田敬一は、大阪市役所産業部の「大阪市に於ける私設市場経営調査」（一九三八年）を資料として、黒門市場が一九〇二年に開設されたことを指摘し、その開設理由を、大消費地である「大規模なスラム」（名護町）と近接していることに求めている。[11]こうした原田の見解も、内国博を控えた大阪の都市空間の文脈のなかで考える必要があるだろう。

筆者はさいわいにも、内国博開催との関連で黒門市場の成立を位置づけることのできる資料を得た。この資料は、大阪府内務部が一九一九年に府下の全市場に照会した事項に対して、各市場から提出された調査書を商工課がまとめた『食料品市場調』[12]という綴りである。市場調査としては最初期のものであるが、その後に実施された調査に比べると、報告の内容はきわめて豊富であり、各市場の当時の状況や沿革に関する重要な情報を得ることができる。この『食料品市場調』から、黒門市場の成立事情を垣間見てみよう。

『食料品市場調』に綴り込まれた黒門市場の調査書は、一九一九年六月九日付けで「大阪黒門食料品市場」の代表者である宮崎藤吉から「大阪府産業課」に提出されており、規定の調査項目を書き上げたものに加えて、全二〇条からなる黒門市場の「規約」書と「沿革」を記した別紙が添付されている。この「沿革」は、簡潔ながらも黒門市場の成立事情を伝えている。

明治三十六〔一九〇三〕年内国勧業博覧会開設当時正門道路筋ニ当リ其附近ニ於テ任意軒下或ハ街路ニ蝟集シ青物生魚等ノ露店ヲ開キ売買ヲ為シ居ル状態ナリシガ其筋ヨリ街路取締上支障ヲ生スルトノ御達示ニ接シ此等不都合ノ改善ヲ計リ需要供給ノ便ニ資スヘク茲ニ食料品市場ヲ開設スルニ至ル大正七年四月営業上ノ弊害ヲ矯正シ信用ヲ保持シ益々顧客ノ意ニ適フベク組合ヲ組織シ現今ニ至ル

「沿革」の内容を整理すると、まず、「市」は「軒下」や「街路」に「蝟集」して「任意」に営まれる「青物生魚」をあつかう「露店」であった。前述したように、この「露店」は寛文年間の新市願い以来つづく日本橋のたもとの立ち売りであろうか。この形態が一九〇二年の初頭までつづき、常設の市場は存在しなかったことになる。さいわいなことに、この実態を裏付ける図版が残っている。一九〇〇年に編まれた当時の住宅地図ともいうべき『大阪営業案内』[13]には主要な通りや筋ごとに商家の業種や店名が記されている。そのなかで「道頓堀二井戸町ヨリ戎橋ニ至ル」あいだの日本橋筋の交差点の東南部に、「生魚出店四五軒アリ」という記載がみられる（図13）。おそらくこの「生魚出店」を含む「露店」が、『食料品市場調』の「沿革」で記されたように、一九〇三年に今宮で開催される内国博を前にして、「正門道路筋」にあたることから「街路取締上支障」をきたすこととなったのだ。そしてこれらの「露店」が、「其筋……ノ御達示」にしたがって高津に移動し、開設したのが、現在にまでつらなる「黒門市場」なので

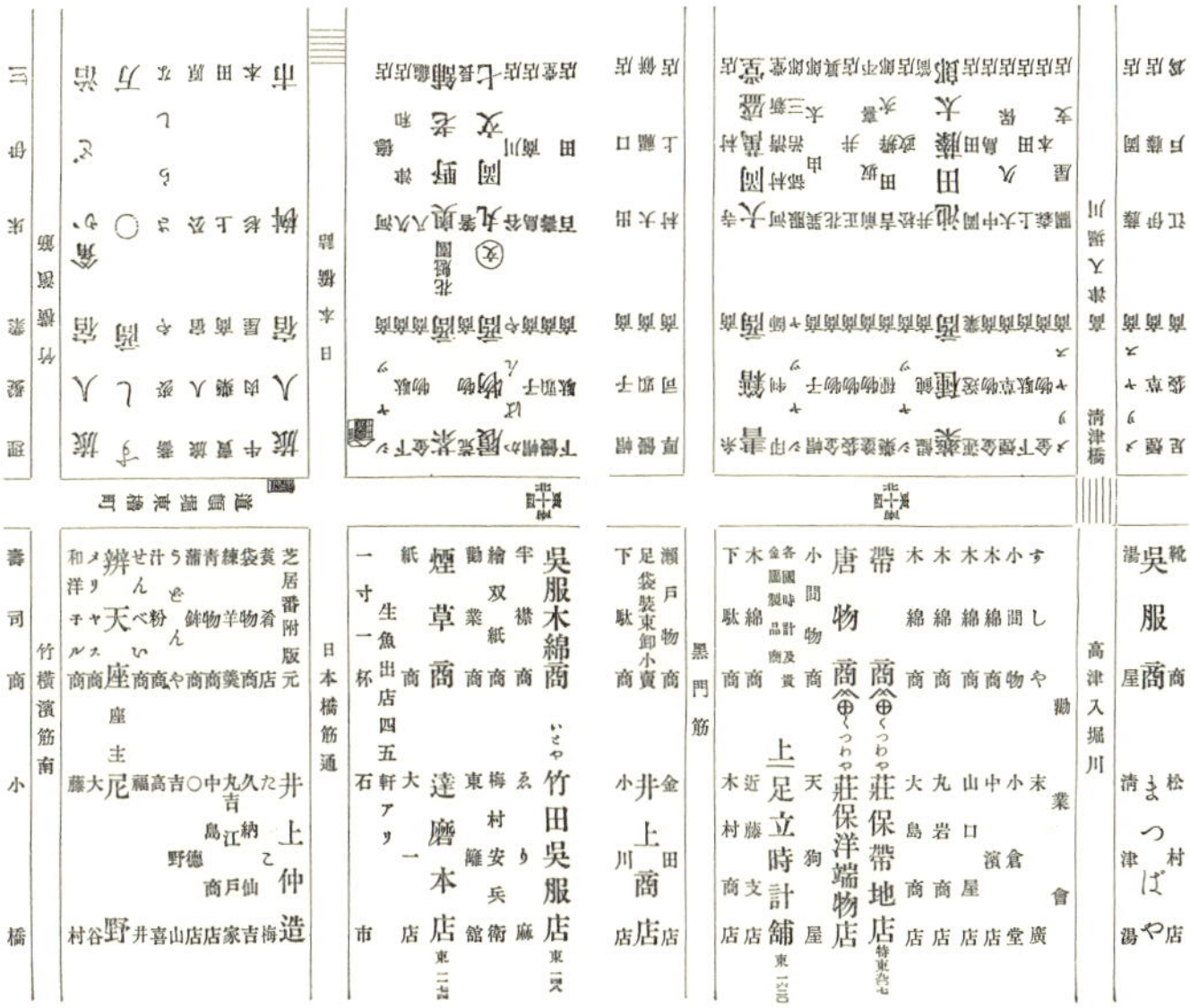

図13　『大阪営業案内』（1900年刊）にみる日本橋付近
左側下「日本橋筋通」の少し右に「生魚出店四五軒アリ」という記載がみられる

ある。

「沿革」に記された状況を大阪毎日新聞の市場「改良」の提言に照らし合わせてみるならば、時期は前後するものの、まさに「多年の慣行」で日本橋のたもとの「街路に開設せる市場」の「改良」が、「其筋……ノ御達示」により実施されていたのである。おそらく、その「御達示」があったのが一九〇二年二月であり、そのなかで論説にもあるごとく市場を「別に街路の外に設け」る「許可」がおりたと推察される。その「街路の外」こそが、日本橋に近接する高津九番丁だったのである。「沿革」では、「需要供給ノ便ニ資スヘク茲ニ食料品市場ヲ開設スル」とされていることから、近接性ばかりではなく、原田が論じるように、消費地としての名護町の存在にも左右されていたのかもしれない。

論説では「相当の年限」をもっての「改良」を提言しているが、すみやかに移転し常設化されているところをみると、やはり内国博会場の「正門道路筋」にあたることが影響したのだろう。「沿革」には明記されていないが、『食料品市場調』では、設置年月日が一九〇二年三月一五日となっている。日本橋のたもとの商人たちは、わずかな期間で高津町に移動し、「食料品市場ヲ開設」したのである。

「黒門市場」は、以上のように、第五回内国勧業博覧会の開催を目前にひかえた一九〇二年二月に街路政策の上で「許可」され、同年三月一五日に現在の場所で正式に開業した。市場はその後、「魚菜類の卸売」から「小売市場」へと変容し、一九一八年四月に「南区高津黒門市場食料品組合」を組織するにいたり、戦後「浪速の台所」を代名詞とする商店街に発展したのである。

ところで、近い時期に「復活」をみるという「黒門」であるが、冒頭で述べたように、はたしてこの名称は圓明寺に由来するのであろうか[14]。ここでもう一度、**図13**を参照してみたい。前述したように、これは一九〇〇年に編集されたもので、「黒門市場」ができる以前に「生魚」をあつかっていた「出店四五軒」が日本橋筋と道頓堀の通りの交差点南東にあることを確認できる。そこから図の右側、つまり日本橋筋の東の方向に目を転じてみると、「高津入堀川」との中間に「黒門筋」という文字がみえる。現在では、千日前線と阪神高速一五号堺線によって分断されているとはいえ、この筋を南に下ってゆけば「黒門市場」のメインストリートだ。つまり、この図にしたがうならば、現在の黒門市場がある南北の筋は、少なくとも市場ができる以前から「黒門筋」と呼ばれていたのだ。そして、もともと黒門筋と呼ばれていた街路に面して、一九〇二年に市場が形成されたのである。『黒門市場史』で比定された圓明寺の旧所在地は、黒門筋からはずれている（堺筋に面している）。その門が「黒」色をしていたのかもさだかではない。(15) だが、少なくとも、一九〇二年の行政命令によって、わずか一カ月で「黒門筋」に「市場」ができたことだけはたしかである。

「黒門筋」にできた「市場」。これを称して「黒門市場」としたのだろう。

注

1　下元信行『黒門市場史』黒門市場商店街振興組合、一九八八年。
2　前掲、下元『黒門市場史』二九頁。
3　前掲、下元『黒門市場史』二九頁。
4　前掲、下元『黒門市場史』六六―六七頁。
5　前掲、下元『黒門市場史』五一―五二頁。
6　『朝日新聞』（二〇〇一年一二月二一日夕刊〔大阪版〕）は、第一面で「黒門市場　ほんまの門復活」というタイトルで、「写真や図面は残っておらず昔の門の形は定かでない」という「黒門」の「復活」を、写真とイメージ図を掲載して大々的に報じている。なお、『ほんまもん』は黒門市場などを舞台としたＮＨＫ連続テレビ小説のタイトルで、二〇〇一年一〇月から二〇〇二年三月まで放送。
7 佐藤作兵衛「大阪天満青物市場年暦沿革」(大阪商工会議所『大阪商業史資料』二五巻、一九六四年)。
8 大阪府産業部商務課『青物魚類市場調査』一九二一年。
9 大阪市役所商工課『大阪市魚市場調査』一九二三年。
10 大阪市役所商工課『大阪市蔬菜果物市場調査』一九二四年。
11 原田敬一『日本近代都市史研究』思文閣出版、一九九七年、一七一―一九五頁。
12 大阪府内務部商工課『食料品市場調』一九一九年。
13 『大阪営業案内』新和出版社、一九七五年(原著は一九〇〇年)。
14 前掲の『朝日新聞』は、冒頭で『「大阪の台所」として知られ、NHK連続テレビ小説の舞台となっている黒門市場(大阪市中央区)が来春、名前の由来になった門を〝復活〟させる。市場には不況の影が落ちているが、テレビ効果で客は増えている。門の復活とテレビで高まった知名度を追い風に商店主らは売り上げをアップさせようと、あの手この手で、『ほんまもん』の市場であることをアピールしている」と報じており、黒門市場の真正性が名前の由来となった「黒門」に求められていることがうかがわれる。
15 旧市街地南部で確実に存在していた門で黒色をしていたのは、千日前の墓所の「黒門」である(第五章を参照)。

第五章　盛り場「千日前」の系譜

1　はじめに

　種々雑多な商店や飲食店、パチンコ店やゲームセンター、そして映画館などが不規則に建ち並ぶ通りや一画。そこでは、売り子たちの声をかき消すように軍艦マーチやデジタル音が鳴り響き、あちらへこちらへとひっきりなしに行き交う人びとのざわめきにリズムを添えている。喧噪と雑踏、それらが独特の雰囲気を醸し出す場、さしずめ出店のひしめく縁日の賑わいが日常的に繰り返されるような場、夜のとばりが降りる頃にはその表情をも一変させる場、「盛り場」とはそんな場所である。

　東京の浅草、名古屋の大須、京都の新京極、神戸の新開地などとならんで、戦前すでに賑わいの中心として発展していた大阪の盛り場として「千日前」をあげることができる。現在の千日前は、梅田を中心とするいわゆる「キタ」に対して、道頓堀や難波などとならぶ「ミナミ」

の一角として、当時に比べればいくぶん勢いが衰えたとはいえ、大阪を代表する盛り場のひとつであることに変わりはない。

「千日前」と呼ばれる場所が、「盛り」の「場」となるにいたる歴史的過程は、近世都市の墓場から近代都市の盛り場へという数奇な変貌をとげる明治の初年から、都市的なものが凝集しつつ大衆的な諸現象が現出しはじめる一九二〇年代までの変遷のなかに織り込まれている。本章では、この過程を、場所のイメージや感覚、そしてその転機をなすような出来事に留意しつつ、盛り場「千日前」の系譜として記述してみたい。

最初に問題となるのは、盛り場としての千日前が誕生する、その文脈である。もともとが墓地であることはあまりに有名であり、その経緯に関する研究も少なからずあるが、いま一度、資料を吟味しなおし、他の場所との関係のなかに千日前を定位することで、新たな解釈を提示したいと思う。

このはじまりの物語とともに、一八八〇（明治一三）年前後に幾度となく千日前を襲った火災、一九〇三年の内国勧業博覧会を端緒とする活動写真の流行、そして一九一二年の大火を前後する時期に千日前の景観を一変させた映画街への変貌などが、以下ではそれぞれ「出来事」として位置づけられることになる。そして最後に、一九二〇年代の千日前に登場した「観察者」たちの記述に焦点をあて、現在までもその命脈をたもつような千日前の貌を眺めてみよう。

図14　千日前の六地蔵，明治初年の写真

図15「黒門」とも呼ばれた千日前大門

2 「千日前」前史

そもそも千日前は、豊臣氏の滅亡後、大坂に乗り込んできた本多忠明の城下町づくりによって成立した墓所であり、近世都市大坂の周縁に位置し境界的な意味を有する場所であった。大坂各所の大小墓地を分割・統合してできた千日前をはじめとする「七大墓」(1)は、いずれも市街地の外れに配置され、都市の周縁部をなぞるように立地しており(図2参照)、なかでも千日前の規模はとくに大きく、「焼場」(=火葬場)、「せんにち」(=刑場)が併置されている。のちに「千日前といへば『お寺』と『しをき場』と『葬式の礼場』と『やき場』と『墓場』のカクテルであった」(2)と述懐されるゆえんである。

そこには罪人をはこび、仕置きをした上で首を斬る者たちの住居である「六坊」という小屋も置かれて、入口には「死門」を意味する幅「四二」間の「黒門」があり(図15)、その門をくぐると、両側に無数の墓石がならんでいる。「焼場」へ行くには、三途の川と目される小川(「溝の側《かわ》」)にかかった「無常の橋」を渡らなければならない。橋のたもとには死者をむかえる「迎仏」がたたずむ。橋の向こうは「祭場」、「焼場」、そして火葬場にはつきものの灰が山のようにある(3)。塀で仕切られた千日墓所は異界性の湧き出づる境界的な空間であり、まさしくあの世が「記号的に顕示される一種の劇場」(4)であったと言えよう(図16、図17)。

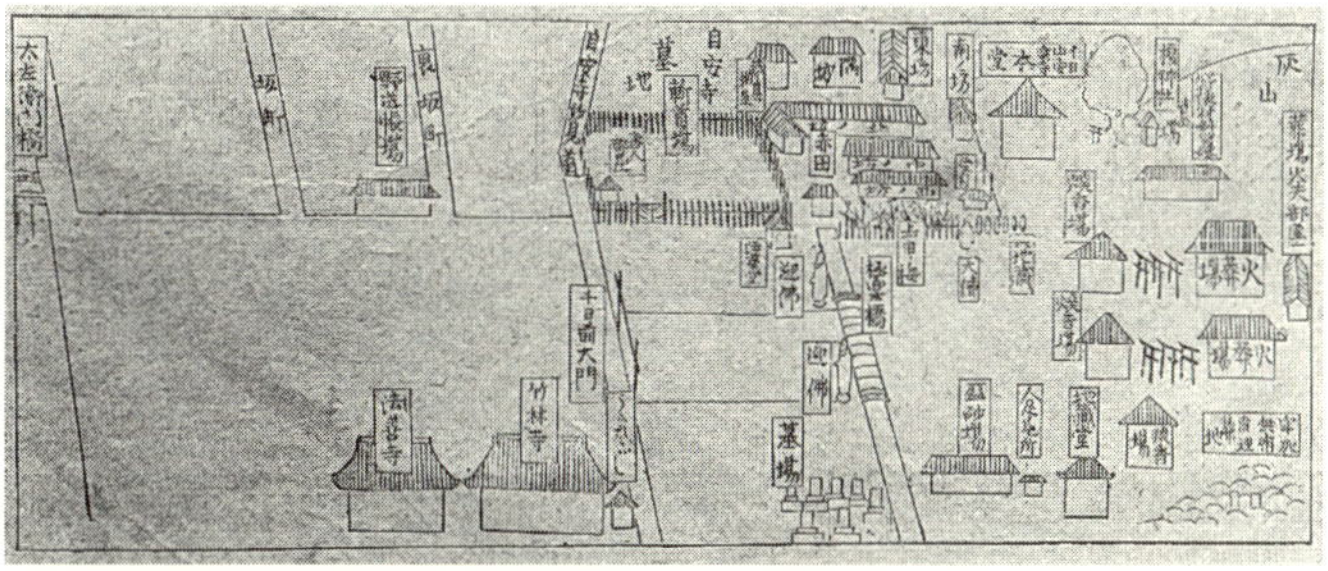

図16　朝日新聞に掲載された千日前の図（1870年頃）

①竹林寺墓地　②黒門　③休足所　④刑場　⑤自安寺　⑥松林庵墓地　⑦非人小屋　⑧休憩所　⑨西墓地　⑩地蔵堂　⑪東墓地　⑫東墓番小屋　⑬迎仏　⑭無常橋　⑮六坊　⑯溝の側　⑰堀の内　⑱祭場　⑲焼場　⑳灰山

図17　墓地としての千日前

『上方』第10号（1931年）の口絵図に番号・凡例を加筆した上で修正を施し転載

あの世を現出する空間としての千日前をとりまく環境もまた象徴的である。千日前へは、大坂南縁の芝居街である道頓堀から、角座の西側を抜けて法善寺、竹林寺を順に経るアプローチをとる。千日前の西側には花街である難波新地があり、「溝の側《かわ》」と「中筋」によって直結することで、廓へのアプローチとしても機能していた。法善寺も東門が「芝居裏」と呼ばれる南阪町の青楼にむかい、西門が難波新地の青楼に接している。「溝の側」や「中筋」そのものも、見世物小屋街であるとともに花街であった(図18)。小笠原恭子が指摘するように、聖と俗を逆転させうる千日墓所や法善寺は、冥府として芝居を芝居たらしめる空間装置であり[5]、花街へは最高のアプローチとして機能し、後に「既にその頃からエロとの奇縁を結んでいる」と回顧される場所でもあった[6]。

前田や小笠原が指摘するこのような空間的な論理のみならず、千日墓所をとりまく法善寺や妙見堂は、縁日ともなると参詣の信者が訪れ、法善寺にいたっては「堂前には茶店軒をならべ、門内の傍には、軍書講釈・むかし噺の小屋あるいは半弓店・精進茶漬屋等」[7]で賑わうという時間的な論理も有していた[8]。

このように周縁的な場所であった千日前は、明治維新をむかえ、変転を余儀なくされることになる。

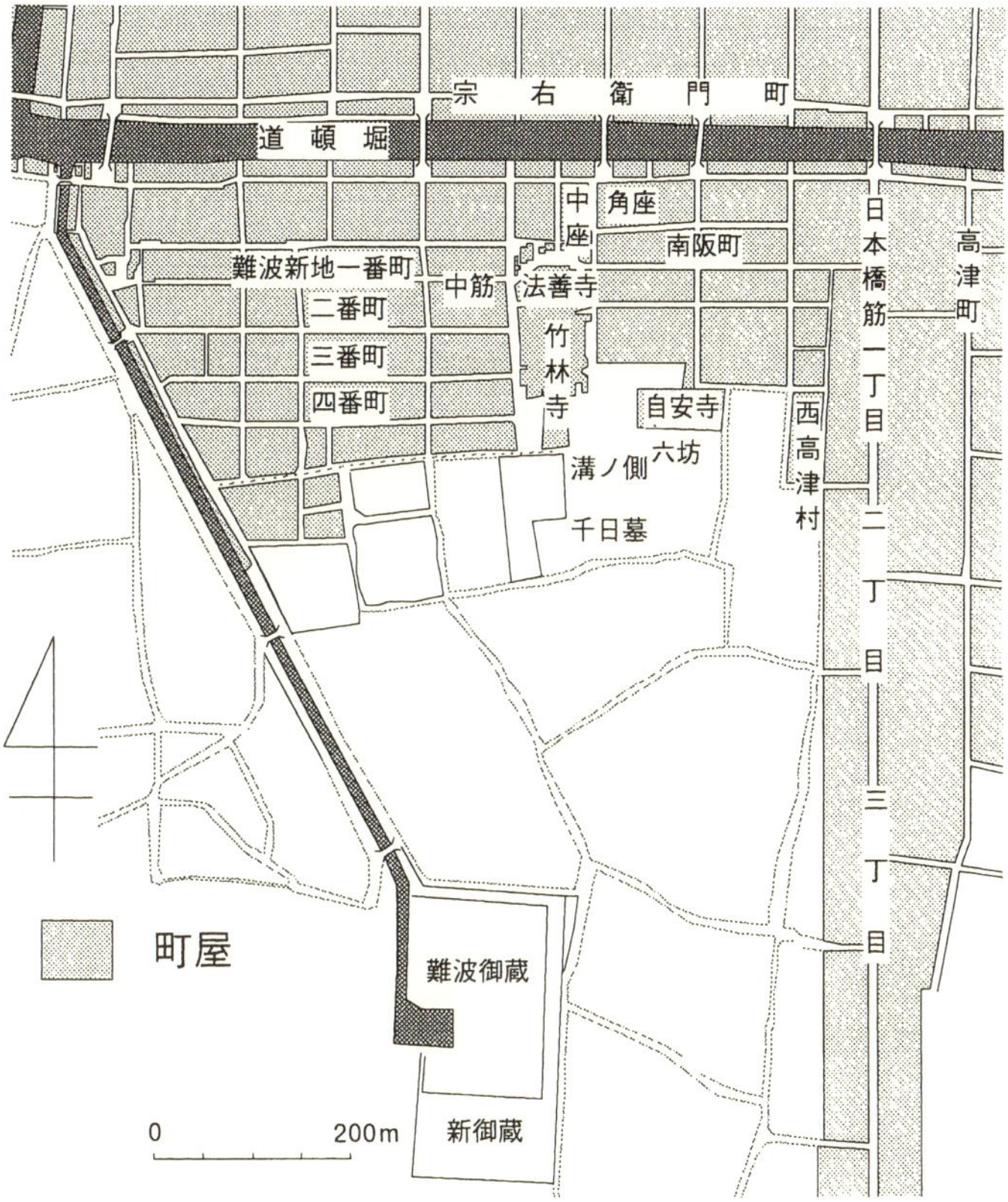

図18　明治初期の千日前付近
「大阪市中地区町名改正絵図」（1875年），「大阪実測図」（1887年）をもとに作成

3 盛り場へ

「千日前」再開発――仕掛け人は誰か

明治維新後、一八七〇年四月に刑場が廃止されるにともない、千日前の火葬場と墓地は、当時俗に「南の新墓」と呼ばれた阿倍野墓地へ一八七四年に移転される。刑場として、火葬場として、そして墓地として機能してきた千日前は、明治初年の墓地政策によって、その役割に終止符を打ったのである。無主の地となった千日前は、新墓移転後もそのまま残された灰山とともに荒廃した。この時期の千日前について記している鵜野漆磧は、対処に苦慮した当局が、難波新地をはじめとする遊興の街に囲まれた空閑地である千日前を払い下げて歓楽地帯にすることを目論んでいた、と指摘する。(9) すなわち、「こんな不祥な野原を拓いて興行地として人気を寄せると言う当局〔大阪府か〕の方針」があったというのである。さらに鵜野は、その方針を受けて香具師の親方であった奥田弁次郎の妻ふみが千日前の土地を払い下げてもらい、その後弁次郎とともに「千日前全盛の礎を拓いた」、と指摘した。

雑誌『上方』の第十号（一九三一年）は「千日前特集号」を組み、この鵜野らの論考を掲載している（図19）。千日前の再開発に関して、弁次郎とふみのどちらが主導的な役割を果たしたかで寄稿者たちの意見はわかれているが、ふみが跡地を払い下げてもらい、弁次郎が小屋を掛けたとする説が主流となっているようだ。だが、ここで彼らの説を支持するとしても、ひとつ疑問が残る。橋爪紳也が詳細に論じたように、(10) 一八七四年には刑場の跡地に見世物の仮設小屋が設営されており、すでにこの段階で千日前は盛り場として歩みはじめていた。千日前の跡地を払い下げる話が出たのが一八七〇年頃、そして奥田弁次郎が興行を始めたのが一八七七年頃であるとするならば、(11) つまり「有名な奥田弁次郎などは千日前が開けてから来た人」（『大阪朝日新聞』明治三九年一〇月二六日）ということになるのだ。(12)

実のところ、この千日前の再開発には、奥田夫妻以外にもうひとりキーパーソンが存在していた。それは、当時、千日前で最大の葬儀屋であった山田屋源兵衛の養子、藤原重助という人物である。

図19　『上方』第10号表紙
表紙の絵は「千日前の猿芝居」長谷川貞信画

藤原重助

葬儀屋として六坊に出入りするなどして、墓所としての千日前にゆかりのあった重助は、その移転によって「追々衰微」してゆく千日前を嘆き、その再興に奔走することになった。まず彼が考えたのは、「大阪市中の人を引き寄せて、火葬場以外の千日前を知らせねばならぬ」ということであった（『大阪朝日新聞』明治二九年一〇月二三日）。

繁栄策として、重助は、歌舞伎で人気のあった三勝半七の墓が法善寺にあることに着目し、半七の法会を企画する。しかし、法会だけでは物足りないと考え、表向きは崇禅寺観世音の御開帳とし、偽物の骨董品をならべた上に、講釈師に半七の心中物を読ませるなどした結果、「市中の人気は非常なもの」となり、「その夥しい人出といふものは、殆ど大阪市中の人間を吸ひ寄せたと云ってよい、事柄が珍らしいからでもあらうが、興行事に天才を持って居る重助の采配が図に当ったので、これが千日前に人の寄った始めである、この開帳がやがて千日前に多くの興行物を見るに至った濫觴《はじめ》である」（『大阪朝日新聞』明治二九年一〇月二三日）。そして、この人出をあてこんだ見世物小屋が次々に集まってきて、「そこに居付くものもあった」というのである。これは、一八七三（明治六）年六月の出来事であった（『大阪朝日新聞』明治二九年一〇月二五日）。

さらに、「三勝半七の開帳に催促されて諸方から集った観世物の中でちょいちょい所に居着くものもあったから、此のままにするのは惜しい、寧《いつ》そここを興行場にしやうぢゃないか、夫れは好からうと云ふので一致し」、二年後の一八七五年頃には「興行物も増《ふえ》加てメキメキと発達して来た」という（『大阪朝日新聞』明治二九年一〇月二六日）。

筆者はかつて奥田夫妻以上にこの藤原重助の役割を重視する論を展開したことがあった[13]。その後、通説となっている奥田夫妻説と藤原重助説の関係を示すきわめて重要な新聞資料を得ることができたので、ここに紹介しておきたい。

今より廿四五年前〔一八七〇～一八七一年〕頃迄は罪人の処刑場にて腥風蕭々鬼〔哭〕啾々鮮血淋漓として乾く間なかりし千日前、周囲の繁昌に蹴押されて人家稠密の裏に包れてありしに明治三〔一八七〇〕年刑場を廃されてより墓はあれども詣る者なく草茫々と生茂り寂寞として物凄き処なりしを当時此三昧の傍にて葬具貸物商をして居りし今の北堀江の寄席賑江亭主人藤井某〔藤原重助か〕が千日六坊の幹事磯野本隆に謀り難波新地溝の側に興行して居りし見世物を千日前に移らせんといろいろ尽力したる効ありて明治六〔一八七三〕年の冬奥田弁次郎、近江鶴吉の二人が賛成して磯野本隆と三人連印して同年十一月十五日興行物移転の儀を出願したるにつき府庁にては古図を按じて取調べたるに千日寺の墓所は四百八十四年以前より今の島之内三ッ寺の西手処にありしを爾来島之内繁華になりし為め難波村榎木の西手に移すとありて磯野本隆及び六坊の先祖代々の墓をもこゝに移したることなど歴然古記録に残りありしを以て同年十二月十四日願ひの通り聞届になりたり依て明る七年一月一日より諸興行小屋をこゝに移し開場する事となりたるも其辺は塀の内とて罪人を捕ふる者多く住居したる跡にて其千坪程を奥田弁次郎が代価七十五円にて払下を受けたるが墓所跡などは一坪二三銭にて売買になり地所の価格殆どなき程なりしに土地の繁昌に従ひて価格騰貴し本年夏までに一坪八十円となりしが台湾軍鎮定の後は世間の景気よき為め地所の値ますます上り千日前は一坪百円の高価なりたれば此際大いに土地の繁昌を祝し土地の紀念碑をも建んと十四軒の席主及び近傍の有力者が打寄りて協議中なりといふ

（『大阪朝日新聞』明治二八年一二月五日）

この記事から得られる情報を、これまでの議論を踏まえて整理しておこう。

一八七〇年に刑場が廃止された後、藤原重助が六坊の幹事を務めていた西ノ坊の「院主」である磯野本隆と共謀して溝の側の見世物小屋を千日前に勧誘する。おそらく、これは一八七一〜一八七三年にかけてのことであろう。そして、一八七三年六月に重助が企画した三勝半七の法会の大成功を受けて、奥田弁次郎と磯野らが同年一一月一五日に大阪府に「興行物移転」を出願し、一二月一四日にそれが認可されたのである。そして、翌一八七四年一月一日から、溝の側をはじめとする興行物が千日前で興行を開始したのだ。

また、弁次郎が払い下げを受けた千日前の土地は「塀の内とて罪人を捕ふる者多く住居したる跡」であったことが記されている。鵜野によると「千日の三昧を支配する六坊と言ふて磯野本隆を頭に六人の隠坊の親方の住居を塀の内と称した」という(14)。第二章で引用した資料「大阪市ニ於ケル細民密集地帯ノ廃学児童調査ト特殊学校ノ建設ニツキテ」にも同様の記述がみられる。

茲ニ於テ又与力同心ノ下ニ抜群豪胆ノ者三十名ヲ選ヒ千日前竹林寺裏ニ出張セシメコレ等悪徒ノ取締ニ備ヘ探偵捕縛ノ任ニ当ラシム此ノ竹林寺ノ出張所ヲ俗ニ「塀ノ内」ト称シ悪徒モ此ノ出張所ノ人々ニハ多少辟易シ畏敬シタリト云フ

古老ノ言ニ依レハ此ノ「塀ノ内」ハ明治五六（一八七二～七三）年頃マテ存シ之レニ従事セシ人ハ概ネ青楼ノ主人ナリシカ如シ

再び鵜野によると、弁次郎は「塀の内の外側を塀の側と称した場所に住み興行師所謂香具師の親方であった」という。[15]「塀の内」（六坊）の「親方」である磯野本隆と、「塀の内」に近接する場所に居住していた香具師の「親方」である奥田弁次郎との間には、ともに興行物の移転を出願するほどの関係にいたる接点が存在したのだろう。実際に、「目明し」（侠客を警吏として使用する制度）の近代化を実証的に論じている藤田実は、弁次郎は香具師ばかりでなく「侠客（下探偵）」の顔をもっていたことを明らかにした上で、「探偵捕縛ノ任ニ当」たる「塀の内」が「（弁次郎をはじめとする）香具師たちを支配下においていた可能性」を指摘している。[16] つまり、「塀の内」と弁次郎の関係は、当初から緊密だったのである。「塀の内」は一八七一年に制度的には廃止されたようであり、それを機として「青楼の主人」となる者もあったのだろう。そして、「塀の内」の跡地を、かねてから関係のあった弁次郎に払い下げたのではないだろうか。弁次郎の妻ふみが、「塀の側（塀の内か）の役人」に千日前の跡地の払い下げを持ちかけられたことを回顧しており（『大阪朝日新聞』大正六年六月一一日）、この点の裏づけとなる。いずれにしても、重助の企画をきっかけとして、磯野本隆と奥田弁次郎が千日前を興行地として再開発する事業に着手したことは間違いない。

「溝の側」の興行が移転してきたのか？

ところで、先に引用した新聞記事に記されているように、「難波新地溝の側に興行して居りし見世物を千日前に移らせん」という目論見は、当初からあったようである。また、早くも明治中期の名所案内では、「往時此辺りは墓原にて路側に刑場ありたり覩せ物等の興行地は……溝の側に在りしを明治の初に至りて此処に移せり[17]」と説明されており、『上方』の諸論、そして最近の研究でもこの「溝の側」移転説が主流である。しかしながら、この点にも若干の疑問が残る。

今の千日前に見世物小屋が建ったのは明治の初年で、その以前大坂唯一の見世物興行地は、南地溝の側であった。無論、その頃、アノ辺は今日のやうに人家稠密の地でなく、殆ど野原同様で、見世物といふても年中あるわけでなく、筵囲ひの一時的のが多く、年の暮に小屋掛けして、正月早早興行を始め、二月から三月にかけて人気を呼ぶことになってゐた。さて其の興行物の種類は、年年異同はあったが軽業・足芸・手品・細工人形・安本亀八の活人形、さては奇形児の類で、かの有名な軽業師早竹虎吉は当時当所での権威者であった。

この溝の側見世物は、明治十（一八七七）年以後もまだ其の名残を留めてゐたが、千日前が繁盛するにつれ、いつか其の方へ引越して了ひ、跡には普通の町家が立並ぶやうになった。

これは高橋好劇によって一九二五年に書かれた文章であり、田中・藤田が引用しているものであるが、田中・藤田によれば「描写などは正確」であるという。(18) この記述では、「溝の側」の見世物が、一八七七年以後も「其の名残を留めて」おり「千日前が繁盛するにつれ」て移転してきたことになっている。裏を返せば、一八七四年一月に「溝の側」の見世物小屋すべてが千日前に移転したわけではないのだ。また、重助の企画した法会をきっかけとして、あるいは興行物移転の認可後に定着した見世物小屋があったことは事実であるとして、はたしてそれらすべてが「溝の側」(19) から移転してきたのであろうか。たとえば当時の様子を描く、つぎのような記述は参考になる。

明治維新の頃から市中の所々に散在してゐた興行物が、てうど天保年間に西横堀下流の新築地埋立後に、その地固めのため許されて種々の興行物が群集したやうに一時に千日前へ集合した。

第一章で指摘したように、この時期に大阪府は、墓地や興行施設の移転・整理を中心とする市街地整備を構想していた。この政策には、いわゆる近世的な「悪所」の排除が含まれる。大坂の「悪所」は、たとえば陣内秀信が江戸について明らかにしたように[20]、地形をたくみに利用し、または、水辺をえり分けて展開していた。橋梁火除地には「髪結床煮売店」が建ちならび、眺望のきく上町台地の寺社境内も、茶店などの出店でそこを訪れる人びとで賑わった。市街地の上難波社、座摩社、御霊社、天満天神社、生玉社を中心とする寺社境内でも芝居興行が盛んに行なわれ、そこには必ずといっていいほど「泊茶屋」がひかえていたのである。

このような市街地の周縁部あるいは寺社境内に展開し、近世都市大坂の異界性を現出していた悪所群を、大阪府はたくみにそこから排除し特定の場所に囲い込んでゆく。「泊茶屋」、「遊所」、「芝居興行」を課税の対象とすることでいったんは許可しつつ、具体的な場所を認定した上で移転もしくは営業禁止の府令を発布する。たとえば、芝居（小屋）に対しては、現場所での営業はもちろん新たに営業をはじめることも許可しないが、松島遊廓内へ移転するならば営業の継続を認める、というのである。これによって、市街地の寺社境内などに立地していた芝居小屋泊茶屋は否応なしに移転を余儀なくされ、松島に囲い込まれていった（実際には、その後も存続した芝居小屋もあった）。この大阪府令で取り締まりの対象となっている遊所や芝居小屋は「天保改革以後、安政の復活にも承認されなかった悪所」であり、宮本又次は、松島遊廓の開設自体が「散娼整理を目的」としていたと指摘する[21]。

時を同じくして、千日前は懸案の灰山は残っているものの、「塀の内」を中心に転用をまつばかりの空間（空地）に変貌していた。ある場所での営業を禁止し、ほかの特定の場所での営業を許可した場合、興行主たちは移転せざるを得ない。府令での移転先は松島に限定されていたが、千日前の再開発を府が主導しつつ結局は奥田夫妻に払い下げた実態を考慮するならば、一八七三年末の許可後に芝居小屋や夜店が移転してきた可能性も大いにあるだろう。

つまり、一八七二年の禁止令によって、上記のごとく寺社境内や市街地の周縁に「散在して」いた見世物小屋が、一八七三年六月に重助の企画した法会と、同年末の磯野らによる興行の出願をきっかけとして「一時に千日前へ」と集合し、その繁栄に合わせて、高橋好劇が述べたごとく、「溝の側」から香具師たちが移転してきたと考えることもできるだろう。言い方を変えれば、大阪府が千日前の再開発を目的として「溝の側」の興行を移転させたのではなく、市街地における悪所の移転・整理政策、藤原重助の千日前繁栄策、そして磯野本隆と奥田弁次郎の興行地移転計画とがなかば偶然的にリンクした結果、千日前の再開発が達成されたのである。

墓場から盛り場へ――場所イメージの変化

こうして盛り場として歩みはじめることになった千日前であるが、当初は客足もまばらで「夜店商人は儲けどころか油代も上らない有様であった[22]」という。「恐怖の場所」としての墓地[23]、つまり「三尺高い木の空に、獄門首が腥い呼吸を月黒く風生温い夜に吹いた処[24]」というイメージが依然として強く残っていたのである。実際に、当時の千日前の刑場跡はいまだ空地になっていて、風向きによっては妙見堂の線香の匂いがただよい、「程遠からぬ昔の不気味な記憶」[25]を喚起させるような場所であった。人びとはその「不気味」さと、江戸時代の悪所を「暗示するような雰囲気」[26]とが混在する、きわめて不安定な場所のイメージを有していた。

当初の見世物は、猿や犬の芝居、からくり人形、鏡抜け、瓢箪細工、女力持、雀芸、俄、へらへら踊りといった非常に「幼稚な」ものであったらしく、見世物小屋も莚張か葦簾張の「縁日式」の仮設で[27]、「年中の興行ではなく一月に始め春の彼岸過ぎまでの」ものであった[28]。このように悪所の延長線上にある見世物と、もともとは墓所であるという千日前の場所イメージが共鳴しあい、盛り場としての「千日前」を存立させていた。

盛り場として成立した「千日前」には、道頓堀から足を向ける人も徐々に多くなり、「吹矢、ぶん廻しカラクリ的、角力落し、だるま落し」などを興行する大型の見世物小屋や飲食店が軒を並べるようになってくる[29]。しかし、一八八〇年前後からつぎつぎと火災が「千日前」を襲った。

まず、一八七八年一月二八日に「千日前の大火」が起こり、見世物小屋一〇軒を類焼する。繁栄のきざしがみられた千日前を嘲笑うかのようなこの火事は、千日前を「八分通りまで灰燼に帰してしまった」[30]が、当の興行人たちは「清めの火事だ、これでさつぱりした」といってすぐさま復興に取りかかったという。その結果、縁日式で葦簾張の粗末な小屋は、瓦葺の小屋に建て直され、道路も拡幅された。そのうえ、小屋ごとに席名を定めて「半永久的な設備」を整

えるようになる。(31)

ところが、一八八六年一〇月七日夜一一時頃、奥田弁次郎の見世物小屋から出火、その火は妙見堂をかすめて西側は難波新地手前、北側は竹林寺墓地の塀、南側は溝の側まで延焼し、千日前に定着していた大小屋二カ所、中小屋六カ所を含む多くの見世物小屋や出店を類焼した(『大阪朝日新聞』明治一九年一〇月九日)。見世物小屋の興行人たちはすぐさま復興に取りかかろうとするが、第二章で論じたように、この時はまさしくコレラの大流行を背景に名護町のスラムクリアランスが計画されていた時期でもあり、大阪府の衛生課は課長の平田好を中心にその再建に介入する。『大阪朝日新聞』(明治一九年一〇月一三日)はこうした動きに賛意をもってつぎのように伝えた。

千日前の如き当地第一等の繁華を占めたる処に在りては是迄の様なる粗造の小屋を一掃して新に之を完全の構造になせば第一に其体面を善くして同所繁華の価値を添へ第二に衛生上の害を除き第三に此程の如き火災に遭ふも仮小屋の薦や葭簾のみにて現に枯草を焼くにひとしき観を免れ防火上の便利を得る如きは改築上より生ずるもっとも著しき効益なり

結局のところ、こうした論調そのままに、衛生課は、民有地から一間ずつ供出させて道路を拡幅するとともに、衛生的な観点から「空気窓」を設置し、小屋と小屋の間を三尺ずつあけた

「瓦葺の本構造」の小屋が建設され、さらに「仮小家」の建設が禁止された結果（『大阪朝日新聞』明治一九年一〇月二二日）、「仮設小屋から本小屋への移行は決定的」となった。[32] こうして一連の火事が移動性の高い香具師たちを定住させ、彼らはこれらの火事を「清めの火事」とすることで、積極的に墓所のイメージを払拭し、盛り場「千日前」の確固たる土台を築いたのである。

興行禁止命令と興行人たちの反対運動

ところが、一八八七年七月二五日に「南区及西成郡之内通称千日前興行場遊覧場人寄席遊技場之儀明治廿一年十二月限リ禁止候」という通告が、大阪府知事建野郷三の名で出される。難波村の八軒、難波新地の六軒、その他に大弓店一軒、揚弓店二軒の計一七軒の営業を禁止する命令である（『大阪朝日新聞』明治二〇年七月二七日）。この背景には、第二章で詳述したように、当時大阪最大のスラムであった名護町を取り払い、そこに千日前の興行物を移転するという計画があった。しかし、命令を受けた見世物小屋は、すべて前年の火災後に衛生課の指示にしたがって新築したばかりであり、興行人たちは困惑狼狽する。

当時の千日前は、西側が南区で難波新地二番町三番町となり、東側が西成郡難波村で、役所の管轄区域が異なっていた。そのため、南区の見世物小屋の総代として神谷専助が、西成郡の総代として石田巳之助が、揚弓店・大弓店の三軒と料理屋二軒の総代として佐奈幸三郎が、府庁に出頭して知事に火災後の状況を陳述した。

ところが、前年の火災後に「瓦葺の本構造」を新築したことについて、南区長の小柴景起は「……〔この〕点は全く公然たる例規を立てて命令した」のではなく、「衛生課長の親切をもって営業者に諭告した」にすぎないとして、総代らの要求をつっぱねる。第一章でふれたように、この小柴こそ、名護町の地主を諭して「土地改良委員」を選出させ、名護町に「千日前」を移転させる計画を企てた張本人である。

興行主たちは、郡・区、府、そして内務省に対しても粘り強く交渉をつづけ、翌一八八八年二月には、難波村側の興行人と村会議員が連署して二年間の延期の願書を西成郡役所に提出した結果、ようやくにして「禁止」を延期する訓令が四月一八日に南区役所および西成郡役所から興行主たちに伝えられた。

南区及び西成郡の内通称千日前興行場遊覧所人寄席遊技場禁止の儀に付昨廿年七月訓警第一号を以て訓令に及び置候処該営業者より願出の趣も之あり事情止むを得ざる儀と認むを以て明治廿三年十二月限り延期候条此旨更に営業者へ相達すべし

（『大阪朝日新聞』明治二一年四月二一日）

これによって、千日前の営業禁止はとりあえず二年間延期される。さらに、期限を控えた一八九〇年七月には、年始の興行準備に取りかかろうとする千日前の興行人たちが、再度、興行禁止の延期願いを府知事に上申した。この時の知事は、一八八九年に更迭されていた建野に代わって着任した西村捨三であった。西村は請願に対して迅速に対応し、七月一五日につぎのような通達を出す。

明治廿年七月禁止したる興行物遊覧場人寄席遊技場明治廿三年十二月前延期の旨相達候処今般願出の次第有之事情已を得ざる者と認むるを以て此際其建造物（現在遊技場を除く）に付当府の検査を受け其構造不完全なる者は孰れも改築又は修繕を加ふるに於ては仍引続き明治廿四年一月より三十三年十二月迄更に之を延期す

（『大阪朝日新聞』明治二三年七月一六日）

これによって、さらに一〇年間の猶予が与えられたわけである。ただし、文中にあるように「改築」または「修繕」が条件となっており、調査の上で一四軒の小屋のうち七軒が「改築」を、残る七軒が「大修繕」を命じられた。要するに、本来営業の禁止令が下されていた見世物小屋すべてが改築・修繕を命じられたことになる。その理由はつぎのように説明されている。

元来同所の興行場は最初粗造なる小屋掛にして興行物とてもホンの観通り一遍永く観覧人の足を留むる如きとなかりしに追々四隣に人家を増設せしに就ては時々出火の憂もあるよ

り取敢ず類焼を防ぐ為め瓦屋根に改造せし位に過ぎず其構造方の如きは勿論不完全を極むるものなるに世の変遷に随ひ興行物も大に進み長きは半日位客人の足を留むるものありて現今の建物にては寸時も安心なり難き故なり

（『大阪朝日新聞』明治二三年八月六日）

おそらくこの改築によって、ますます確固たる盛り場の土台が築かれたはずである。その後、どのような経過をたどったのかはさだかでないが、一八九三（明治二六）年七月に六年間にわたり延期されてきた禁止命令は取り消された。

見世物から活動写真へ

こうした幾多の困難を乗り越えた千日前は、明治の中葉も過ぎる頃になると、「日本一の繁華場」と呼ばれるまでに発展する。そして、伝統的な芸能を誇る道頓堀に対しては、新興の盛り場らしく気軽に楽しめる雰囲気が売り物となっていた。「定小屋」と呼ばれる常設の見世物小屋が二七カ所あり、うち大劇場が一、小劇場が五、その他は表を寄席として裏では様々な見世物をしていた（『大阪朝日新聞』明治二九年一〇月二五日）。この時期の主な「定小屋」は、金沢席、弥生座、播重席、法善寺金沢席、奥田席、吉田席、井筒席、改良座、柴田席、石田席、千代席、梅山席、花遊園であった（『大阪朝日新聞』明治三〇年一月一日）。興行の種類は芝居、俄、照葉狂言、活動写真、江州音頭、女剣舞、生人形、新内、猿や犬の芝居などであり、小屋は大型化して「俄《にわか》」

が全盛であるとはいえ、明治初年とさして変わらない悪所的な見世物小屋街であったようである。だがひとつ注目されるのは、興行内容に「活動写真」が含まれていることであろう。

この端緒は、一九〇三年に行なわれた第五回内国勧業博覧会にある。前田愛が浅草における映画館の立地について「六区の興行街は、明治四〇年の三月から六月にかけて、上野公園でひらかれた東京博覧会から、博覧会の修辞学をぬすみとることで新しい時代の到来に対応しようとする」と指摘したように[33]、浅草と同じく千日前も「博覧会の修辞学をぬすみと」り、もっとも好評を得た活動写真をわがものとしてゆく。

当時の活動写真は、巡行団が仮設館で興行するのが普通であったが、さきの博覧会を契機として「活動写真とはどんなものかということが一般に普及せられ[34]」た結果、活動写真への欲求が高まり、臨時の映画館が興隆する。さらに日露戦争を境として臨時映画館が常設映画館へと移行し、大資本による常設館経営時代が幕を開ける。関東系資本の吉沢商会が一九〇八年に道頓堀の浪花座を本拠地として進出してくると、関西系資本の横田商会(のちの日活)が千日前の第一電気館を封切場として応戦した[35]。この大資本による活動写真の興行は「東西二大勢力の対抗」と呼ばれ、これをきっかけとして各巡行団は常設館への転向をはかり、千日前にも次々と常設館が建ちならんでゆく。数年にして「世界館、第二電気館、日本館、朝日館」などの映画館がずらりと並び、さらに「日の出館、大阪館、三友倶楽部、東洋倶楽部、芦辺倶楽部[36]」などが興行を開始した。客の争奪戦も千日前らしく「年中無休宣言、場内香水散布、館内装飾、来湯の

図20　千日前の活動写真館
向かって左側に第一世界館，右側に電気館，日の出館が見える

備付、雨天の際の貸傘、貸下駄」などのサーヴィスを各館が競い、小屋の正面には「イルミネーションでケバケバしい光を投げる」装いをこらしていたという。

こうして急速に進展した映画館の集積は、近世的な見世物小屋が軒をつらねる盛り場「千日前」のイメージを変え、後の「映画の街」というイメージが定着する下地としては充分過ぎるほどであった。

南の大火と景観の変容

折柄猛火に包まれ居たる日の出館が大音響を立てて東側に倒るるや向側なる奥田席に焼え移りて益々火の手を挙げ南隣の芦辺倶楽部、常盤座、春日座等も瞬く間に火焔となり焔々として東に東にと焼え進み何時歇むべしとも見えず、千日前の焼跡は只だ見る紅土を積み重ねたる如き余燼は尚盛んに焰を揚げ居る間には芦辺倶楽部、

電気館等の煉瓦塀のみ空に聳え焼木杭の電信杭は真黒になりて哀れに突立ちつつあり
（『大阪毎日新聞』明治四五年一月一六日第二号外）

一九一二（明治四五）年一月一五日、難波新地の貸座敷から出た火は、「大阪随一の歓楽場」である千日前の第一電気館、第二電気館、芦辺倶楽部（一号館、二号館、三号館）、常盤座、吉田座、浪花倶楽部、第七愛進亭、六春日座跡（建築中の第六愛進亭）、そして弥生座などの小劇場や映画館をことごとく焼き尽くし、「四十余年間に築かれた千日前の繁昌を、昔の荒野に」帰してしまった(37)。世にいう「南の大火」である。この大火は、結果的に、大規模な二つの遊興空間——遊廓（難波新地）と盛り場（千日前）——を一昼夜のうちに灰にしてしまった（図21）。とはいえ、明治一〇年代に幾多の火災に襲われた千日前の草創期を思い起こさせるような光景が、すぐに現出するにいたった。

焼跡の千日前に活動写真其外差支のない限り仮屋で興行を差許すとのことになりたる旨二十日午後発表されると同時に千日前は俄かに元気づきそれッとばかりに焼け跡の地均しにエンヤエンヤの掛声勇ましく徹夜しの働き、二十一日の午前には早や芦辺倶楽部、第一電気館を始めとし十一箇所の興行物から引続き続々と仮小屋設置を届け出たるが昼夜兼行にて何れも二月の掛りには興行をして御覧に入れると云って居る、仮小屋の興行は期限が向

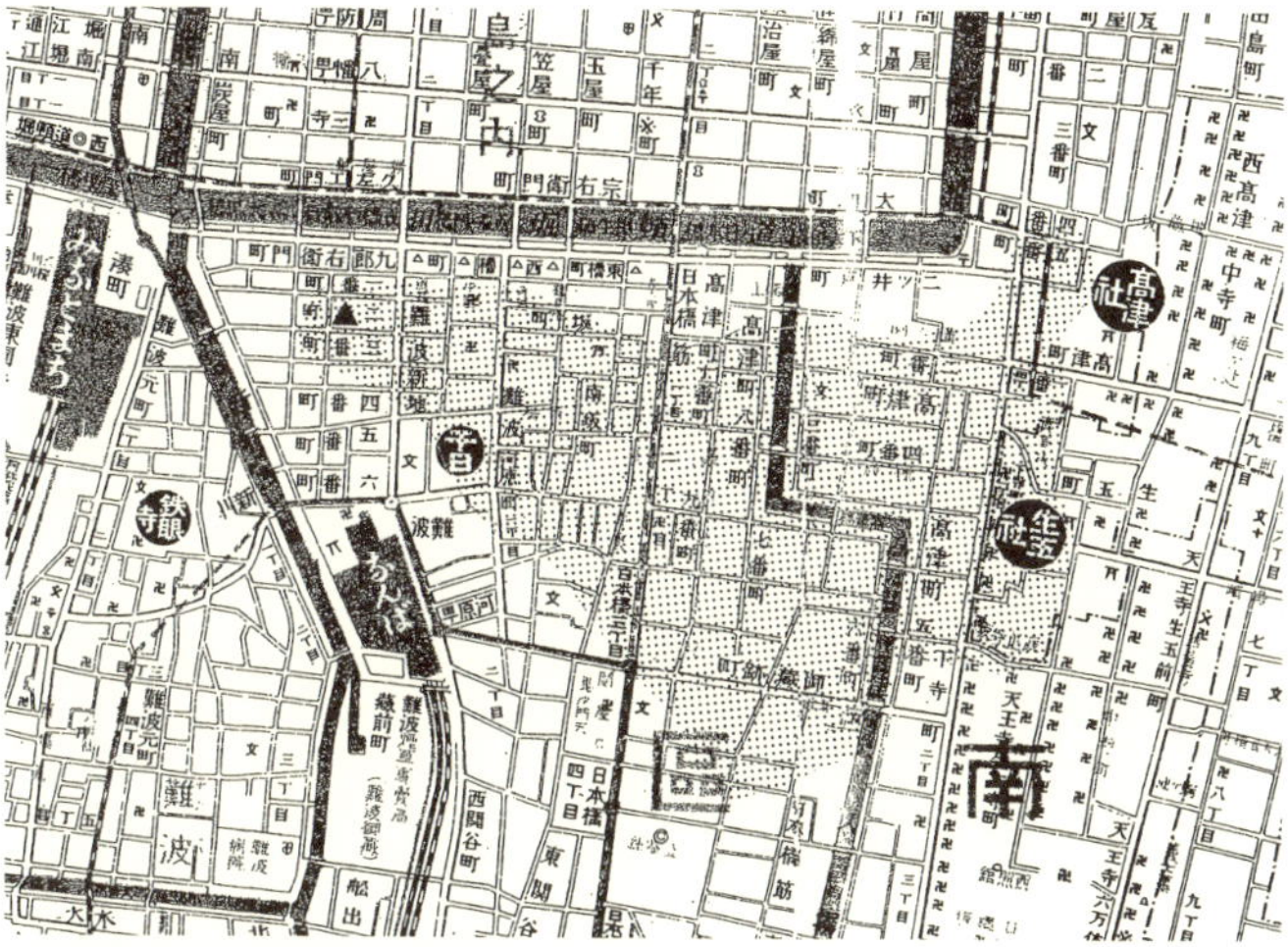

網かけ部分：焼失区域　▲：出火地点

図21　南の大火の焼失区域

和楽路屋『実地踏測大阪市街全図』（1911年）をもとに作成

ふ六箇月間、芦辺倶楽部の如き本建築は川竹〔道頓堀〕五座にも劣らぬドエライ物を建てると力んで居る、また焼け残りの三友倶楽部、帝国館、愛進亭は昨日朝から興行を始めた、この勢ひならば茲十日を待たずして千日前は又元の賑ひ帰る訳なり

（『大阪朝日新聞』明治四五年一月二三日）

「南の大火」からわずか四日後の風景である。再興に向けた興行人たちの意気込みを感じ取ることができる。

「南の大火」は、「前期活動万能時代」と回顧される初期活動写真[38]の隆盛にいったんは小休止を打ったものの、焼失した「第一電気館、南座、芦辺倶楽部、第一日の出館、第二日の出館、花月亭、春日座、東栄座、千成座、栄亭、栄座、龍の席、琴平座、愛進亭などの明治末期的な建物」に代わって、一年後までには「芦辺倶楽部、聞楽亭、常盤座、小賓席、敷島倶楽部、第一愛進館、第六愛進館、彌生座、南座、集寄亭」の新しい建物が加わり、焼失をまぬがれた三友倶楽部、法善寺境内の金沢席と紅梅亭、一口席、第五愛進亭、帝国館、蓬莱館や仮設の「有田奇術、矢野動物園、津島自転車曲乗、山根一座軽業、海女奇術、奥田軽業」などとともにふたたび躍進をはじめる(39)。

「楽天地」開業

しかしながら、同じ頃、あるひとつの問題が生じていた。この火災を機として、千日前の焼け跡を東西に横切る市電第三期線の敷設が決定したのである。この工事が進められた場合、盛り場として再開発されて以来、竹林寺の門前に展開してきた千日前は、南北に分断されることになる。この千日前の存亡にもかかわるような事態に際して立ちあがったのは、難波を起点とする鉄道会社南海と、興行人のなかの大地主たちであった。

南の大火後天王寺の土地建物会社の株が暴騰を告げたるに反して千日前焼跡の地価は下向にて殊に遊廓跡は到底再興の見込みなきより従来坪四百円位と唱へたるものが半分以下に下落したるより此の上若し阿倍野に遊廓が認可せらるる如きことありては益にならずと是

れと直接の利害関係を有する南海鉄道の大塚惟明氏や焼跡付近の大地主金沢利助外数氏は寄り寄り協議して千日前が奈何に地の利を占め居るとて従来の如き規模にては新設備によれる天王寺と競争し難きより今回日本橋筋裏より演舞場へかけ新電路を堺として遊廓跡を除き約三万坪（旧千日前は一万坪弱）を相して一大株式会社を設立せん計画あり、一坪の地価を平均百五十円より二百円とするも尚五百万円を要するを以て之に建築費と経営地を二三百万円に見積り興行物は会社自ら経営し附属の飲食店、雑貨店等は京都の新京極の如く人出を誘ふ営業を多くして其の家屋は他に貸与せん組織なる由にて遠からず具体的となりらん模様なり

（『大阪朝日新聞』明治四五年二月五日）

ここに記されているように、天王寺付近の「土地建物会社」は、「阿倍野に遊廓」が認可されるという風説によって「株が暴騰」し、この新しい遊廓設置の動きに対抗して、南海電鉄が中心となって「一大株式会社」を起こし、千日前を再開発しようというのである。この構想は、一年後に大塚惟明と守山又三をはじめとする南海関係者、ならびに金沢利助、奥田弁次郎、高木徳兵衛、藤本清兵衛ら千日前の興行人（地主）が発起人となって一七〇〇〇坪の土地を買い上げて創立した「千日土地株式会社」に結実した。この「千日土地株式会社」が、千日前北側の客足を市電通りを隔てた南側へ向けさせる集客装置として建設したのが、「楽天地」である。当初は阿倍野の遊廓（のちの飛田遊廓）を仮想敵にしていたが、開業した段階では、第五回内国勧業博

覧会場跡地を再開発して一九一二年に開園した新世界・ルナパークに対抗する娯楽施設と位置づけられた。映画を中心に、三〇銭で丸一日楽しめることから、「娯楽の百貨店」[40]と呼ばれて親しまれた（図22、図23）。

大火を機として芝居小屋から映画館への転換がますます進んだ結果、千日前には楽天地を中心にして新奇な装いをこらした娯楽施設が集積し、まさに娯楽の殿堂にふさわしい景観をつくりあげた。それとは裏腹に、千日前にひしめいていた多くの見世物小屋は淘汰され、「千日前を彩る興行物も、殆ど活動写真に独占されて二三の万歳席が時代の波にも沈まずに[41]」あるだけとなってしまっていた。一九二〇年代後半に印刷されたと思われる「大阪名所　千日前楽天地」という絵葉書は、この変転をつぎのように説明している。

> 昔は……得体の判らん見せ物や猿芝居や軽業の小屋でこの辺はそら呼声のやかましい処だしたんやが其昔南の大火で焼き払はれてスッカリ大けな建物に体裁が変ったんだす、そやさかいに昔見たいなじやらじやらした見世物はおまへんが其賑やかなことはやっぱり大阪一番だんな。千日前にたんとある遊び場の中でこの楽天地が一番大きいので名高いのだす。

そして、映画館の集積と南の大火からの復興を含む南北の分断は、盛り場「千日前」の景観を一変させたばかりでなく、人びとの盛り場に対する感性にも影響を及ぼすことになる。この

図22　楽天地の開業広告

図23　楽天地

後、一九二〇年代に登場してくる観察者たちは、盛り場の場所性に敏感な遊歩者として、新たな千日前の貌を描き出してゆく。

4　千日前の観察者たち

楽天地のようなキッチュな大建築物の登場に象徴されるごとく、消費社会の展開にともない、一九二〇年代の盛り場はモダンな様相を呈しはじめる。映画館、カフェー、バー、喫茶店、食堂、ダンスホール、商店街、百貨店、十銭ストアなどの都市的な建造物や装置がちりばめられ、まさにこの時期の盛り場には「都市的なるものが凝集し、都市を都市たらしめる空間」となっていた。[42]そして「ブラ」(たとえば、心斎橋筋の「心ブラ」)と呼ばれる振る舞い(遊歩)を身につけて盛り場を埋めつくす民衆のなかに都市を観察する者たちが現われてくる。東京の「銀ブラ」のなかに今和次郎が現われ考現学が誕生し、民衆が団子坂をぶらつくそのなかに名探偵・明智小五郎が登場した。

遊歩者として考現学的視線を有し、群衆にまぎれつつ知らず知らずのうちに探偵にもなる都市の観察者、都市の「いたるところを歩く帝王」[43]が、この頃、大阪の盛り場にも登場する。カフェーの考現学や神戸の盛り場「新開地」をものした村島歸之、「道頓堀を描くことは訳もないこと」という日比繁治郎、そして「漫歩者」と評される北尾鐐之助らである。

彼らはある共通した方法で、盛り場を記述している。たとえば、村島は、千日前・道頓堀をつぎのように描き出した[44]。

> 道頓堀、千日前にある興行場は二十カ所、その内訳は映画館が八、演劇場が四、そして寄席が二、浪花節席が一、諸芸人大会席四、それに雑（楽天地）が一つである。
>
> 今、その地理的分布状態を見ると「道頓堀」に映画館三、演劇場が三、「千日前」には映画館五、演劇場一、浪花節席一、諸芸大会席四及び雑が一、そして「法善寺裏」に寄席が二つある。
>
> これによって見ると、「道頓堀」は何といっても「芝居の王城」だ。五座が揃っていた往時の面影はないにしても、中座、浪花座、角座が梵天と高い甍を並べて立つ。ただその間に介在して、弁天座、朝日座の両座が、芝居の看板を下し、映画常設館と早変わりを演じて、大阪一の外国映画常設館松竹座と共に芝居王国の領域を侵しているのは、カフェーが芝居茶屋を圧倒しているのと相俟って、どうしても時勢である。これに反し「千日前」は芦辺倶楽部、敷島倶楽部、常盤座、キネマ倶楽部、南座の五映画常設館に、何でも来いの楽天地（近く、面目を一新するため目下取崩し中）と外に特色ある四つの諸芸大会席があって、完全に興行区域を形成している。しかも道頓堀の興行およびカフェーが共にブル向の値を徴して大衆を迎えないのに反し、千日前は専ら安い入場料で大衆を呼んでいる。す

なわち「千日前」は大阪の真の民衆娯楽場なのである。そこに「道頓堀」と「千日前」のローカルカラーの相違を見ることができる。

　またその中間にあって一種独特の雰囲気を醸し出しているのは「法善寺裏」で、二軒の寄席――花月と紅梅亭――と十四軒の飲食店が狭い路地内に櫛比しているのだ。

　村島は以上のように「道頓堀」、「千日前」、「法善寺裏」についてその興行の内容あるいは施設の種類に「ローカルカラーの相違」を見いだし、それぞれ「芝居・キネマ・カフェーの街」（同時に「エトランゼの観光地」）、「映画、万才などの比較的安価な大衆向き娯楽地区」、「寄席と料理店の寄合世帯」の街区、と位置づける。そして、さらに千日前を構成する多様な個々の「形態素《エレメント》を分節[45]」して抽出し、記述する。たとえば「万歳席」について、その「外観」と「内部」、興行の内容、さらには客層などを説明している。また、日比は、道頓堀の「構成分子」を「芝居、活動、料理屋（飲食店）、カフェー（バー）」であるとする「道頓堀の解剖」を行なった[46]。

　北尾も村島と同様に「今の千日前一帯には、画然と分れている四つばかりの色彩がある」といい、千日前の「色彩」をつぎのように説明する。第一は「道頓堀筋から、角座の西を南へ折れ廻って、歌舞伎座前に出る間の、凡そ二町に足らぬ特殊な商店街」。第二は「芝居裏、法善寺横町および、新築の歌舞伎座裏、河原町一帯の飲食界」。第三は「法善寺及び松園山、自安寺などをめぐる迷信界」。第四に「歌舞伎座から以南につづく千日前の主要地点における歓楽界」で

いて記述している点にあるが、基本的なスタンスは類似している。

ある。[47]村島と多少異なるのは、興行内容にもとづくというよりも、遊歩しながら業種にもとづ

北尾の「千日前の主要地点における歓楽界」は、そのまま村島のいう「興行区域」に重なり、そこは「大衆に向って高級ならざる娯楽を供給して」いる「民衆娯楽の王城」であった。[48]この興行場を訪れるのは「一日中、汗だくになって働いて来た人々で質よりも量を狙って……一日の労を忘れようとする」[49]人びとである。それに対して、やはり両者ともに独特の界隈として見出した「法善寺」の「花月」には、「小料理屋で小鉢等に下鼓を打ち、傍らに南地の美妓をはんべらせる」[50]ような、道頓堀の中座や浪花座と大差のない客が訪れたという。

彼らのまなざしによって起ち上がる千日前は、もはや悪所的な見世物や恐怖を喚起するような墓地のイメージが後退し、「夫婦万歳」などによって笑いがあふれる諸芸大会席や映画館がひしめく盛り場であった。

とはいえ、変転するのが盛り場の常である。南北に分断された千日前の北側、すなわち法善寺界隈が発見された一方で、南側では、一九三二年に楽天地が歌舞伎座へと建て替えられたのをはじめ（図24）、東洋劇場、常盤座、芦辺劇場がいっせいに新しいビルに装いを変える。

この前年、『上方』はつぎのような巻頭文のもとに千日前を特集した。[51]

大阪の盛り場として最高の千日前は鬼哭啾々たる墓場より開発されて、千種万躰の興行物

図24　楽天地跡に建てられた歌舞伎座

が展開し、進化されて今日ある殷賑を極め、尖端を行く歓楽郷に達して来たのである。その道程約五十年、民衆娯楽に対する世相、人心の変遷も又実に著しい転換である。それに尚且つ現在の状態より脱出して将来に伸びんとしている。現に主要なる建物は板囲され懸命の大工事中を見てもやがての一転機が予想される。この秋に当り、過去より現在迄の推移発達の資料を徴し、記録として纏め置く事は郷土として必要である。

「主要なる建物」とは楽天地などであり、それらの建て替えを目の当たりにした高等遊民たる執筆者たちは「転機」を予想する。それは、芝居の伝統を誇る道頓堀に映画が進出し、それによって芝居茶屋が没落して、代わってカフェーが隆盛をきわめ、さらにまた一九二九年一〇月二〇日から実施された「カフェー取締令」によって「カフェの看板戦が華やかであった頃の風景は、いまの道頓堀ではまったくみられなくなってしまった(52)」というような転機を同時に経験していたからでもある。

「歌舞伎座が新築されて、千日前の空気は一変した」。そして北尾鐐之助は寂しげにつぶやく。「歌舞伎座が立派に建ったが、私にはなぜか楽天地時代の、あの大衆的な心易さが懐かしくおもわれる(53)」、と。

5　盛り場の系譜

一九五一年、大阪に赴いた坂口安吾は、「千日前」をつぎのように描いている(54)。

千日前という賑やかな盛り場がある。劇場だのウマイ物屋が並んでいて、浅草と同じようなところである。道幅は五六間。人の賑いでゴッタ返し、乗り物は通行を許されていない。日曜ともなれば、その賑いは、また格別だ。……千日前は、自動車どころか、自転車も通りやしないナ。ここは人間の通行という用のみに便じる道ではなくて、道を歩くこと自体が遊びであり、あッちの店をのぞき、コッチの店へ色目をつかい、ノンビリ行楽するところである。

ここには戦前と変わることのない盛り場の風景がある。「千日前」と呼ばれる場所が、安吾が経験したような「盛り」の「場」となり、「歩くこと自体」が愉しみとなるにいたる歴史的な過程を本章では論じてきた。歴史的に変容してきた場所と人びとがとり結ぶ関係のあり方を、その時々に千日前をめぐって書かれた文章をもとにして記述してきたわけであるが、ここでの記述すべてが恣意的に設定された局面に関するものばかりであり、場所の系譜の分散した断片をその場所イメージという一本の線をもってかろうじて結び合わせたものである。おそらく、それぞれの出来事を結び合わせる縦糸はまだまだあると思われる。新たな狂言回しの登場をまって、いずれ盛り場「千日前」の別の系を探求してみたい。

注

1　阿波座、渡辺、津村、上難波の墓地を千日前に統合し、天満では梅田、濱、葭原に分割統合し、これらに蒲生、鳶田、小橋を加えたのが七大墓である。
2　船本茂兵衛「千日から高津へ」『上方』第五六号、一九三五年、七四―八六頁。
3　高橋好劇「千日前覚え帳」『上方』第一〇号、一九三一年。
4　前田愛『都市空間のなかの文学』ちくま学芸文庫、一九九二年、七〇頁。
5　小笠原恭子『都市と劇場――中近世の鎮魂・遊楽・権力』平凡社、一九九二年。
6　島谷卯之輔「四十年前の大阪（下）」『大大阪』第一一巻第一号、一九三五年、一〇四頁。
7　木村明啓「浪速の賑ひ」（森修編『日本名所風俗図会一〇　大阪の巻』角川書店、一九八八年〔原著は一八五五年〕）

三八五頁。

8 千日墓所が大坂七大墓の一つであることは先にも述べたが、興味深いことに、この七大墓を夜な夜な群衆が徘徊する「大坂七墓巡り」という習俗があった（南木芳太郎「七墓めぐり」『上方』第五六号、一九三五年、三〇頁）。エリアス・カネッティによれば、「墓や墓地の魅力はきわめて強烈なので、人びとは、たとえ身内の者が埋葬されていない墓地でも、そこを訪れ……その訪問は常にそれ以上の何かに変わり……墓はたちまちある独特な気分状態をひき起こす」という。つまり、人々を惹きつけてやまない「墓地の情緒」があるというのである（エリアス・カネッティ『群衆と権力 上』法政大学出版局、一九七一年、四〇九頁）。歴史学者の網野善彦が指摘したように、墓場とは無縁の時空に転化しやすい場所であると言えそうである（網野善彦『増補 無縁・苦界・楽』平凡社選書、一九八七年）。

9 鵜野漆磧「千日前と奥田弁次郎」『上方』第一〇号、一九三一年、六六頁。なお、同誌で鵜野の名前は目次では「漆磧」、本文では「漆碩」となっている。

10 橋爪紳也『明治の迷宮都市——東京・大阪の遊楽空間』平凡社、一九九〇年。

11 会心居主人「千日前俄漫談」『上方』第一〇号、一九三一年。

12 千日前の再開発と奥田夫妻の役割については、すでに多くの研究蓄積があるので参照されたい。①橋爪紳也『近代日本の空間プランナーたち』長谷工総合研究所、一九九五年。②木津川計「千日前」（石川弘義ほか編『大衆文化辞典』弘文堂、一九九一年）四四〇—四四一頁。③三田純市「道頓堀と千日前」（奥村芳太郎編『なにわ今昔』毎日新聞社、一九八三年）八八—九一頁。④野堀正雄「盛り場と墓地」（岩本通弥ほか編『混沌と生成』雄山閣、一九八九年）二九三—三一〇頁。⑤守屋毅「近代『盛り場』考——新京極・千日前・浅草」（林屋辰三郎編『文明開化の研究』岩波書店、一九七五年）三五三—四〇三頁。

13 加藤政洋「盛り場『千日前』の系譜」『地理科学』第五二巻第二号、一九九七年。

14 前掲、鵜野「千日前と奥田弁次郎」六六頁。

15 前掲、鵜野「千日前と奥田弁次郎」六六頁。

16 藤田実「大坂の捕方手先と近代化——奥田弁次郎と長堀橋筋署事件」『大阪の歴史』増刊号、一九九八年、二四〇頁。

17　三上四郎ほか編「大阪名所案内」（『大阪営業案内』新和出版社、一九七五年〈原著は一九〇〇年〉）九頁。
18　田中豊・藤田実「難波新地見世物場の位置について」『大阪の歴史』第三六号、一九九二年、五七―五八頁。
19　林春隆「大阪の盛り場」『上方』第二二号、一九三二年、六四―六五頁。
20　陣内秀信『東京の空間人類学』ちくま学芸文庫、一九九二年。
21　宮本又次「松島遊廓と遊所整理」『上方』第二八号、一九三三年、五六頁。
22　前掲、高橋「千日前覚え帳」一七頁。
23　山野正彦「日常景観のなかの恐怖の場所――墓地と閻魔堂」（石川栄吉ほか編『生と死の人類学』講談社、一九八五年）二七―五一頁。
24　前掲、会心居「千日前俄漫談」五二頁。
25　前掲、高橋「千日前覚え帳」一八頁。
26　前掲、島谷「四十年前の大阪（下）」一〇四頁。
27　前掲、会心居「千日前俄漫談」五三頁。
28　前掲、鶴野「千日前と奥田弁次郎」六六頁。
29　前掲、高橋「千日前覚え帳」一八頁。
30　前掲、高橋「千日前覚え帳」二一頁。
31　前掲、高橋「千日前覚え帳」二一頁。
32　前掲、橋爪『明治の迷宮都市』一九頁。
33　前田愛「盛り場に映画館ができた」（今村ほか編『講座日本映画一　日本映画の誕生』岩波書店、一九八五年）三五六頁。
34　船本茂兵衛「二十年前の千日前活動写真」『上方』第一〇号、一九三一年、四三頁。
35　寺川信「上方に発生せし映画文化の先駆者」『上方』第二三号、一九三二年。
36　船本茂兵衛「初期の道頓堀活動写真」『上方』第二二号、一九三二年、四三―四四頁。
37　前掲、会心居「千日前俄漫談」五三頁。
38　前掲、船本「二十年前の千日前活動写真」四四頁。

39　前掲、島谷「四十年前の大阪（下）」一〇四―一〇五頁。
40　村島歸之「心ブラ人口調査」『大大阪』第六巻第一一号、一九三一年、七四頁。
41　前掲、島谷「四十年前の大阪（下）」一〇四頁。
42　成田龍一「近代都市と民衆」（同編『都市と民衆』吉川弘文館、一九九三年）三六頁。
43　ヴァルター・ベンヤミン『ボードレール』岩波文庫、一九九四年、一七九頁。
44　村島歸之「民衆娯楽の王城『千日前』」『大大阪』第七巻第七号、一九三一年。
45　前田愛『都市空間のなかの文学』ちくま学芸文庫、一九九二年、一二八頁。
46　日比繁治郎『道頓堀通』（南博編『近代庶民生活誌② 盛り場・裏町』三一書房、一九八四年〈原著は一九二九年〉）。
47　北尾鐐之助『近代大阪』創元社、一九八九年〈原著は一九三二年〉、二九六頁。
48　前掲、村島「民衆娯楽の王城『千日前』」一四二頁。
49　前掲、村島「民衆娯楽の王城『千日前』」一四六頁。
50　前掲、村島「民衆娯楽の王城『千日前』」一四六頁。
51　南木芳太郎「千日前の今昔」『上方』第一〇号、一九三一年。
52　前掲、北尾『近代大阪』二八五頁。
53　前掲、北尾『近代大阪』三〇七―三〇八頁。
54　坂口安吾『安吾新日本地理』河出文庫、一九八八年。

第六章　飛田遊廓以降の花街と土地開発

1　はじめに

遊楽館をはじめ東へ難波新地三、四、五番町の全部は俗に居稼店《てらしみせ》と称する貸座敷にして娼妓の数は二千以上あり悲鳴を揚げて二階、三階、四階の部屋より褻衣の儘にて飛び出すものなど、襠の儘長煙管を持ちて飛出すものなど千態萬様にて大騒動を演じたるが多くは浪花座、南地五花街事務所および南海鉄道難波駅前の電車軌道附近に避難したるが市内の者は大抵実家に逃げ帰りしもの、如し午後になりて娼妓多勢新川附近の素人家の二階を借り多きは一戸に数十人の女を詰込み下通る客を呼び止めて御馳走をねだりゐるものなどあり中にも気早き楼主は逸早く松島廓の貸座敷に渡りをつけて一時移転の手続きして直様営業に取掛らんとするもの多し

（『大阪朝日新聞』明治四五年一月一七日）

一九一二（明治四五）年一月一六日午前一時、難波新地四番町の一角にある「桧皮葺御殿風」の三階建の居稼店（貸座敷）「遊楽館」から出た火は、折からの「烈風」（風速一七・七メートル）にあおられ、たちまちのうちに「高楼」の建ちならぶ四番町と三番町を舐め尽くし、隣接する千日前も焼失させ、一一時間以上にわたって付近一帯を焼き尽くした。

この火災、いわゆる「南の大火」は、その火元となった大阪の伝統的な花街である難波新地に甚大な被害を及ぼし、遊廓の廃止や移転をめぐる議論を業者、府、市民の間で引き起こしたのである。その一方で、火災の直後から、難波新地の貸座敷業者を移転させるために、「阿倍野」に「遊廓」が認可されるという「風説」が起こり、天王寺付近の「土地建物会社」の株が暴騰したという。ここでいう「土地建物会社」とは、土地を整地して住宅を提供する、あるいは運河の開鑿などを目的とすることを建前として、実のところは「欲深い地主が土地を持ち寄つて結束し、大資本の結合力によつて地価を昂騰せしめ、比較的短時日の間にボロい儲けをしやうと企て」るものであった(1)。

結局のところ、「土地建物会社」による新遊廓の開設は風説のままに終わり、難波新地の貸座敷の廃止がいったんは決定されるが、その七年後には「阿倍野」に「阪南土地会社」の経営にかかる「飛田遊廓」が営業を開始することになる。そしてこの飛田の開設を皮切りとして、大阪市の市街地近郊にはつぎつぎと「新地」（花街）が開発されていった。

本章では、飛田以降の市街地近郊における「新地」開発を、土地建物会社や電鉄資本によって進められた土地開発・土地振興策として跡づけてみたい。

戦前の新地は、江戸期には都市の周縁に位置していたものが明治期以降の都市の拡大によって市街地に取り込まれた花街の移転先として、あるいは市街地に散在する花街整理を目的として、さらには土地開発そのものを目的として開発された。周知のように、東京の根津遊廓や、名古屋の中村遊廓の事例はその典型であり、いずれも「廃止」ではなく郊外への「移転」だったのである。荒俣宏にしたがって、花街とは「新しい町づくりの核となる『産業』だった(2)」と言えるかもしれない。

以下では、まず大阪における明治から大正期までの花街をめぐる動向を概観したうえで、飛田新地以降の開発過程を整理し、その発展と新地景観を素描する。

2 大阪の花街

大阪では、近世以来、市街地の周縁を中心に「悪所」としての遊廓を創り出してきた。一般的に土地条件の悪い新開の地に置かれたことから「新地」と呼ばれることが多く、とくに大阪の場合、現在でも「新地」といえば花街(遊廓)を指す。近世大坂では、古くは「新町」廓が、そして南縁の悪所である「難波新地」、あるいは現在でも夜の街としてひろく知られる「北の新地」などがその典型で、明治期以降に開発された貸座敷の指定地(遊廓)や置屋・待合茶屋(料理屋）からなる二業地（三業地）を含めて「新地」と呼んでいる。

近代大阪の花街の立地は、もちろん、近世期の立地に強く規定されていた。一八七一年一〇月、大阪府は「泊茶屋営業ノ禁止及移転ノ件」という府令を出し、都市の周縁部に市街地を取り囲むように立地していた小規模な遊廓である「泊茶屋」に対して、営業の禁止もしくは松島遊廓への移転を命じている。また、この府令に先行して、一八七一年三月には「遊所ノ限定並ニ二十分一税徴収ノ件」という府令をもって、つぎのような「遊所」を認可していた。

道頓堀櫓町、九郎右衛門町、南阪町、難波新地一～四番町、新町北通一～二丁目、新町通一～二丁目、新町南通一～二丁目、裏新町、北堀江上通二～三丁目、北堀江下通二～三丁目、松島廓、曾根崎新地一～三丁目、安治川一～二丁目

府令で認可された「遊所」とは、近代期の大阪を代表する花街、すなわち、新町遊廓、堀江遊廓、南地五花街、曽根崎遊廓、松島遊廓、新堀遊廓である。松島は大阪の開港に際して創設された遊廓であるが、江戸時代以来市街地に散在していた「泊茶屋」を含む花街の整理統合、「散娼整理」をも目的としていた(3)。

安治川の新堀遊廓が一八九六年に廃止となるのを例外として、これらの花街は明治期を通して異同がない。だが、第一章で指摘したように「市区改正」の対象となるなど、「移転」をめぐ

る議論はつねに絶えることがなかったのである。とくに、一八九〇年を前後する時期（明治二〇年代）には、どれも実現することはなかったものの、市街に散在する遊廓を難波村などの市外へ移転・新設する案がたびたび提出されている。

こうした明治期半ばまでの花街をめぐる動向は、江戸時代以来の悪所観を色濃く反映しつつ、明治初年に形成された政策に依拠した移転論とも言えるが、いずれの案も地主による土地繁栄や地価の高騰を目的としており、土地開発の性格をある程度有していた。もちろん、それは江戸時代以来変わるものではないのだが。

近代都市としての大阪と花街の問題は、明治末期から大正期にかけて大きく舵を切ることになる。そのきっかけとなったのが、一九〇八年七月三一日に起きたいわゆる「北の大火」である。この火災では、曾根崎遊廓、通称「北の新地」が焼失したことによって、その復興をめぐる問題が世間の耳目を集めた。市民大会では「遊廓移転」が声高に主張されるが、市民も驚く廃止が決定する（ただし、「娼妓」が廃止されたのであって「芸妓」はその後も存続した）。しかしながら、「移転運動」に便乗するかたちで、そして廃止の決定後にいたるまで、市域周縁の地所、たとえば、「淀川の廃川地」、「北区の東方」、「十三、鷺洲・大仁、中津、網島、桜ノ宮」などへの「移転」がおよそ八〇名もの地主により出願されており（『大阪朝日新聞』明治四一年九月七日、一〇月二二日、一〇月二四日）、この時から土地開発という明確な目的をともなう「新地」の開発計画が活発化したのである。

3　飛田遊廓の設置

昨十五日突然大阪府告示百七号を以て貸座敷免許地として指定されたる府下東成郡天王寺村大字天王寺東松田西松田、稲谷、堺田の各一部二万坪、即ち通称飛田は嘗て明治四十四年一月難波新地遊廓が、南区大火の一炬に付されし際、其筋は同所に貸座敷の再置を許さずとの事に、失業せし同業者は元より当時土地熱の旺なりし折とて、株屋其他の所謂事業家達が、先づ以て此飛田を移転地として着目し、猛烈なる暗中飛躍を行ひし処にて、五年前の其頃阿倍野墓地と南陽館を南北に控へたのみにて、全くつまらなさうな同所の地価が連日暴騰し、界隈の土地ブローカー連得たり賢しと此処をうろつき、天王寺の登記所と村役場は帳簿の閲覧者で埋まった位の大景気なりしが、府当局はてんやわんやの連の悪運動を怖れて全然移転請願に取り合はず断呼として運動の不可能を覚らしめたる……然るに今度愈々遊廓地と指定されたるにより、本日の如きは難波新地の焼出され連達、我先きに恰好の処を相して地の利を占めんと巻尺に間竿を携へてうろつき廻るあり、例の土地ブローカー連も早速出張して村役場の土地台帳いぢりに此一帯ざわめき渡りて……

（『大阪毎日新聞』大正五年四月一六日　夕刊）

図25　飛田の遊廓免許指定地

すでにみたように、一九一二年一月の「南の大火」で焼失した難波新地の貸座敷は、いったんは廃止が決定されていた。ところが、それから四年後の一九一六年四月、突如として貸座敷業者の移転先が指定されたのである（図25）。場所は、「大火」直後から移転候補地として名の挙がっていた「阿倍野」、すなわち、通称「飛田」であった。その表向きの理由は、以下のように説明される。(4)

①飛田遊廓は、明治四十五年一月火災の為め廃止したる難波新地遊廓の代地であって、当時他に適地を罹災者に与へんとする好意的意志を、警察部長更迭毎に引継ぎ来つたものである。

②失業者は代地を与へられるべしとの警察部長の口約を信じ、種々の苦痛を忍び来れる者少なからず、常に陳情書を提出して、幾度となく代地の指定を請願し居りたることにて、此等失業者救済の意味を含む。

③大阪の遊廓は市内に散在して居って、遊廓地として適当の処でないから、将来機会を待って漸次移転せしむる方針である。難波新地の焼失地域は七千坪であるから、飛田指定地二万坪の内七千坪を此等失業者のために用ひ、残りの一万三千坪は他の遊廓より移転を出願するものまたは或る機会（火災等の場合を意味す）に於て移転を命ずる。即ち遊廓整理の為めなること。
④天王寺付近新世界なる地は、東京に於ける浅草の如き大魔窟にして、従来此等売淫婦の取締に難じたる場所なるが故に、寧ろ公娼を置きて私娼を制圧せしむる事。
⑤数年の後に突然指定するに至りたるは、当時政党者、投機者、運動者等の纏綿せるものある為め、情弊の消え去る機会を待ち居りし為め。

つまり、失業した貸座敷業者の救済、市内に散在する遊廓の整理・統合、私娼の排除を目的とするというのである。これに対し、開設反対を訴えて組織された飛田遊廓反対同盟会は、「然れども是等の理由なるものも実は寧ろ世論の反対に対して組み立てられたものと見るを至当とし、事実の真相は土地投機業者に駆られて、大阪市民を犠牲とするに至ったものである事は、既に全く明瞭となって了って居る」と、当局の意図を看破していた。反対運動は盛り上がりを見せたものの実を結ぶことはなく、一九一八年一二月二九日には飛田の一部で貸座敷が営業を開始する。

その後、大阪府は、「市内に散在して居」る遊廓を「将来機会を待って漸次移転せしむる」どころか、逆に新たな指定地を次々に認可していった。花街の開発・経営を土地経営としてみた場合、飛田遊廓の成功が、こうした動きを引き起こしたといっても過言ではない。

飛田遊廓を経営したのは、当初は開発のために組織された阪南土地会社であったが、一九二六年六月に大阪土地建物会社が同社を対等条件で合併し、飛田遊廓の家屋賃貸経営を引き継いでいる。大阪土地建物会社は一九一一年に創立された土地会社で、天王寺公園の一部を大阪市より賃借し、劇場・寄席・料理店・旅館などを建設、これらを賃借あるいは自社で経営していたが、一般的にはルナパークの経営で知られている(5)。

阪南土地会社との合併は、大阪土地にとってはかなり有利であった。というのも、飛田遊廓では「間口に応じて権利金がつくだけでも大した有利なのに、貸家にも新築にも希望者が多く、空家となる心配がほとんどないので、実に当社収益の源泉となった(6)」からである。

営業はすこぶる多岐にわたっている。飛田遊廓の土地並びに建物を賃貸するほか、東区の本野町、舟橋町、下味原などにも地所、家屋を持ち、新世界においても家屋の分譲をやっている。また通天閣の経営もやれば、有価証券投資や、資金の賃貸などにも手をのばしてきた。がしかし、飛田遊廓地帯の経営を除けば、いずれも一向ふるわなくなってきた。当社近時の業績が……不振に赴いた原因はここにある。

すなわち賃貸料を除けば建物の売却金はいうまでもなく、賃貸金利息、所有有価証券配当金などを含む雑収入も恐ろしく減少してきた。もっとも通天閣だけではいまだどうにか収入減を免れているが、その金額は知れたものだ。而して賃貸料のみがかく漸増してきたのは、その大部分を占める飛田遊廓地の賃貸収入が、不況にもかかわらず次第に増えてくる結果であって、他の土地会社にはまったく見られぬ現象だ。(7)

大正中期に開発された飛田の経営の成功は、土地会社にとって遊廓経営がひじょうに魅力ある産業であることを証明し、以後、土地経営の核として、「新地」の開発が土地建物会社によって進められてゆく。

4　飛田以降の新地開発

飛田遊廓開設に引き続き、一九二二年五月には住吉公園と新世界が「芸妓居住地」に指定された。「大正芸妓」と呼ばれた新世界の「酌人」と住吉公園付近の「酌人」は従来、「酌人営業取締規則」の「酌人鑑札」を受けて営業していたが、この二つの地区では「芸妓」との区別がままならないことから、「酌人営業取締規則」の一部を改正することで、両地区を「芸妓居住地」として改めて指定したのである。

新世界および住吉の芸妓居住地指定のあと、土地開発がらみの花街建設をめぐる動きは沈静化していたが、一九二七年末にまたしても突如として市街地近郊の二カ所に芸妓居住地が指定された。その事情は以下のように報じられている。

……またまた芸妓居住区域の指定がしかも二カ所市内に許可された。その黒幕に政友会代議士連が活躍していると伝えられている。許可された指定地は市内港区東西田中町一丁目の約一万余坪で、願い出人は西田中町一丁目池田幸雄となっている。もう一カ所は市内東成区片江町（ただし大阪軌道以北を除く）同町隣接中川町（ただし猪飼野町より中川町を経て原見町に通ずる道路以南を除く）で面積約六万余坪、願い出人は西成区柳原一丁目石田権三郎で、許可になったのは二十七日付けである。明春からは直に前記の地域内に料亭が櫛比し検番が新設され、近いうちに不夜城が現出することとなろう。しかも市内のみでなく、明年郡部から出馬せんと計画している政友会系の策士連は郊外の地点にそれぞれこうしたものを設けんと血眼になっている、府当局の許可理由にいわく、「東京では今春、現在の芸妓地域を拡張したのみか五カ所に新設することを許可した。大阪は現在では少ないから少しは増加してもよい」というのである。

（『大阪朝日新聞』昭和二年一二月二九日）

認可された芸妓居住指定地は、二カ所とも、以前から幾度か出願されていたが、「営利を目的とする土地会社関係の一部少数者の利益のために、付近の風教、風致を害し、市民の良俗をきずつけ、都市の品格をおとすに忍びずとして、歴代知事の断じて許さなかったところであった」という（『大阪朝日新聞』昭和三年一月七日）。「指定地を疾風迅雷的に許可した大阪府当局の措置」が、「二八日の北浜株式市場に大影響をおよぼ」したというように（『大阪朝日新聞』昭和二年一二月二九日）、この指定は三業地の経営を目的とした土地開発に乗り出そうとする土地会社に便宜を図るものであった。

実際に、東田中町一〜二丁目と西田中町一〜二丁目は、安治川土地株式会社の経営する地所で、「殊に西田中町付近は芸妓指定地になったから、前途発展の可能性は充分に」あるとされ、「他の所有土地を騰貴せしめる」ために「指定地の発展」を図ろうとしていた。同時に指定を受けた片江と中川は、大阪電気軌道株式会社の沿線に土地を所有する大東土地株式会社の地所であった。片江・中川は、指定の直後に大阪電気軌道株式会社に売却され、同社は一九二八年八月に「今里土地株式会社」を設立し、沿線の片江・中川の区画を整理した上で、「花街建設」に着手している。

安治川土地株式会社によって建設された花街は「港新地」として、片江・中川に建設された花街は「今里新地」として、また、住吉の指定地は一九三六年に日泉土地株式会社の所有する近傍の土地（菖蒲園）に移転して「住吉新地」として、いずれも戦後にいたるまで繁栄した。

5 花街の景観

ここで、新たに開発された新地も含めて、大阪市内の花街の立地を整理しておくことにしたい。現在についても言えることであるが、なにか特殊な業種の立地についてその地理的な特徴を把握しようとする場合、所在地の記載された職業別の電話帳が役に立つ。『京阪神職業別電話名簿』(昭和一六年度版)[8]には、「貸座敷関係」として「貸座席(席貸)」、「検番及遊廓事務所」、「芸妓」、「置屋」、「雇仲居・酌人」、「幇間」に分けて店名や業者名と所在地が記載されている。このうち、「貸座席(席貸)」と「置屋」について区・町別に**表8**にまとめた。

西区の新町と北堀江は、言わずもがな伝統を誇る新町遊廓と堀江遊廓である。松島は、廓内の高砂町・花園町・仲之町から構成されている。そのほとんどが曽根崎新地に立地しているが、隣接する堂島にも立地がみられた。北区の貸座敷は、南区の難波新地、阪町、宗右衛門町、九郎右衛門町、櫓町は、合わせて南地五花街と呼ばれていた。浪速区の貸座敷・置屋は、新世界周辺、すなわち南陽新地のものであろう。飛田(住吉区)の貸座敷はすべて山王町四丁目に立地している。同じく住吉区の南加賀屋は移転後の住吉新地で、その他にも住吉公園周辺に散在していた。住吉新地には、置屋も多く存在した。港区の東西の田中町は港新地、そして東成区の片江・中川は今里新地である。

大正から昭和戦前期に成立した新地（飛田、住吉、港、今里）は、このようにいずれも近郊の土地に立地し、土地建物会社によって経営されていたことを共通の特徴としている。そして、飛田を除く、今里、港、住吉の各新地は、開発の経緯においてすでに指摘したように、いわゆる「遊廓」とは区別される「芸妓居住指定地」であった。「遊廓免許指定地」と「芸妓居住指定地」とは、以下のように区別される。

①遊廓免許指定地は「貸座敷取締規則」に依拠するが、芸妓居住指定地は「料理屋飲食店

表8　貸座敷・置屋の分布

区	町名		貸座敷	置屋
西	新町	南	140	8
		北	26	2
		その他	8	5
	北堀江	上	70	1
		御池	52	4
	高砂		54	
	花園		48	
	仲之		75	
	松島		1	
北	曽根崎	新地	156	4
		上		6
	堂島	中	2	
		上	2	6
	真砂			1
南	難波新地	一番	68	
		二番	73	
		三番	17	1
		四番		3
		五番	3	
	坂		90	4
	宗右衛門		60	1
	九郎右衛門		52	3
	東櫓		21	
	西櫓		7	
	その他		3	11
浪速	霞		4	1
	恵美須		6	7
住吉	山王		162	
	南加賀屋		7	15
	菖蒲園		1	
	浜口	東，中	2	2
	住吉公園		2	
	長狭		2	
	旭		2	
港	東田中		4	
	西田中		3	2
	田中元		1	
	八幡屋		1	
東成	片江		21	42
	中川		23	24
	鶴橋北		1	

『京阪神職業別電話名簿　昭和16年度版』より作成

取締規則」の「特殊料理屋」として取り扱われる。したがって、一般にいう「お茶屋」は、法規上では遊廓の場合「貸座敷」、芸妓指定地の場合「料理屋」を指す。
②遊廓は芸妓と娼妓の双方を置くことが認められているが、芸妓居住指定地は娼妓を置くことは許されない。
③貸座敷は客を宿泊させることができるが、料理屋はこれを認められない。

つまり、飛田新地内の建物は、そのほとんどが貸座敷であるのに対して、芸妓居住指定地は、「待合」としての「料理屋」と置屋からなる二業地であった。たとえば、今里新地の場合、このような制度的特色をもつ花街景観が、つぎのような描写に色濃く反映されている。

料理屋というのは、もちろん青楼、待合のことだ。ただこういう名目が許されないためで、割烹という看板を掲げたのが、いわゆる料理屋である。だから、ここでは板場のない料理屋がズラリと軒を並べている。思い思いの門構えに、前庭後庭の空き地、さては街路にまで緑濃き樹木をもって彩られている状は、確かに異色である。(9)

今里新地の町並みは新興街だけに区画整然として見た眼に清々しい感じを与へる。料亭の表には、柳、桜さては松樫、槙などの常磐木を配し、春日灯篭や踏み石も苔むして風流が

図26　昭和初期の飛田遊廓

あり、街そのものが緑化されているから生き生きとして何となく明るい。殊に料亭は普通の家を改造したのではなく、最初からお茶屋向きに建築されたものばかりだから、奥行きが深く、たいていの家には離れがあり、風雅を旨とした料亭建築のいきとすいを競い、いわゆる独特の「今里新地情緒」をたたえている。[10]

一九三二年の時点で、今里新地にある建築物の用途別件数は置屋六五、料理屋一八一、飲食店一八、旅館一、市場一、商店九二、浴場二、理髪店三、住宅一一七となっており、かなり大規模な花街を形成していたことがうかがわれる。[11]

6　花街の行く末

一九二〇年を前後する時期に新たに開発された飛田

を含む四カ所の新地は、戦中にどこも大きな被害を受け、戦後は「赤線」として一括りにされながらも積極的に復興が進められた。しかし、一九五八年に施行された「売春防止法」によって、各新地は大きな転機を迎える。それぞれの新地は、とりあえず「営業形態」を転換し、「待合茶屋」を中心とした二業地として、あるいは料理組合を組織した新地として機能を存続させているところもあるが、ただ数軒の建築が当時の名残をとどめるのみで、マンションや戸建ての住宅からなる完全な住宅地に変貌してしまった新地もなかにはある。

一般的に言えば、現在では失われつつある、そして忘れ去られつつある、都市空間にあって意味的にも物質的にもきわめて特殊な性質を有した地区として、かつての「花街」を位置づけることができるだろう。花街の歴史そのものを抹消してしまうのではなく、意味的な特殊性を有する「場所」として、物質的な特殊性を有する「景観」として「花街」を語り、表象し、記録することも、「場所の系譜」を問うという点では少なからず意味があるのではないだろうか。

注

1　東洋経済新報社『関西　百七十会社の解剖』一九二九年、八〇―八一頁。
2　荒俣宏『黄金伝説』集英社文庫、一九九四年。
3　宮本又次「松島遊廓と遊所整理」『上方』第二八号、一九三三年。
4　飛田遊廓反対同盟会『飛田遊廓反対意見』一九一六年（原文を一部改めた）。
5　大阪株式取引所調査部『会社総覧』一九二五年。

6　前掲、東洋経済新報社『関西　百七十会社の解剖』。
7　東洋経済新報社『会社かがみ　昭和六年版』一九三一年。
8　井村雅宥編『京阪神職業別電話名簿　昭和一六年度版』報国出版社、一九四一年。
9　小松一郎「近代色を加へた遊境今里新地」『大大阪』第八巻第八号、一九三二年。
10　黒阪雅之編『今里新地十年史』今里新地組合、一九四〇年。
11　佐伯勇編『大阪電気軌道株式会社三十年史』大阪電気軌道株式会社、一九四〇年。

第七章　消費される都市空間
――遊歩者たちの足どりと語り

1　はじめに

一九二〇年代の盛り場は、もはや江戸時代の悪所を彷彿とさせるような場所ではなく、映画館やカフェーを中心に、バー、ダンスホール、喫茶店、洋食堂、百貨店、十銭ストアをはじめとするさまざまな消費施設が集まって、現在にも通じる盛り場独特の風景を創り出し、大衆文化の開花とともに二〇世紀を通してもっとも華やぐ時期を迎えていた。このことは、東京の浅草、名古屋の大須、神戸の新開地、そして大阪の千日前や道頓堀などの旧来の盛り場に限られたことではない。というのも、「銀ブラ」に代表される盛り場・商店街のぶらぶら歩き（遊歩）が全国各都市で大流行し、夜ともなれば中心商店街はまさにその舞台として、都市民が埋め尽くす歓楽の巷となっていたからである。

遊歩という空間的な実践によって都市空間を消費する民衆のいとなみを、ミシェル・ド・セルトーにならって「文化」と呼ぶとするならば、民衆は、心斎橋筋、戎橋、道頓堀、千日前、難波の商店街や盛り場を舞台として独自の「文化」を創造していたと言えるだろう。本章では、遊歩を実践する民衆の足どりをたどり、彼らの語りに耳を傾けることで、一九二〇年代の都市空間の断片に花開いた文化の位相を照射してみたい。

2　商店街の盛り場化

商店から商店街へ

都市の中心商店街が遊歩の舞台となるきっかけをつくったのは、一九〇〇年代に百貨店へ転業した呉服店であった。商店では、江戸期以来、店主か店子が奥の畳に坐して来店する顔見知りの顧客の求めに応じ、商品を棚や蔵から選り抜き手にとって見せる「座売り」が一般的であったが、都市の大衆を客とするには非常に不都合で、一九〇〇年代の初頭には商品を陳列して「正札売り」する方式へと変わってゆく。周知のように、まず、東京の呉服店・三越が、一九〇〇年に「座売り」を「陳列販売」へと切り替え、一九〇四年には正式に百貨店（デパートメントストア）となった。そして、名古屋の松坂屋（一九一〇年）、東京の白木屋（一九一九年）、京都の高島屋（同年）、博多の松屋（同年）などが三越につづき、大阪でも大丸と十合が一九二〇年に百貨店へと転業する。

こうした呉服店の百貨店への転業に合わせて、既存の商店にも変化が生じる。江戸期以来、間口が狭く奥行のある「町屋」式の店舗ばかりであったものが、明治末期から大正期にかけて、各商店が「陳列販売」方式を採用するために店舗の間口を広くとり、部分的にショーウインドーを設置するようになったのである。商品を陳列する「正札売り」への転換は、顧客ばかりの商いから、都市大衆という不特定多数の客を相手にする商いへの移行を意味していた。

道頓堀の北側にある、江戸時代から両側町として形成されていた心斎橋筋は、現在でも大阪を代表する伝統的な商店街として知られている。一九三六年の調査によると、心斎橋筋にある商店は、江戸期(〜一八六八年)に一一店舗、明治期(〜一九一二年)に五一店舗、大正期(〜一九三〇年)に三七店舗、そして昭和初期(〜一九三五年)に三四店舗がそれぞれ開業しており、意外にも江戸時代から営業を続けている老舗は少ない。逆にこの数字は、一九一〇〜一九三〇年代にかけて商店の建て替えや入れ替えが激しく行なわれたことを示している。おそらくその背景には、販売方式や業種の転換をともなう商店建築の更新があったのだろう。実際に一九三六年の時点で、心斎橋筋の全商店の約九二%が「正札売り」を、そして約七八%が「陳列売り」を採用している。これは、やはり大阪の代表的な商店街である天神橋筋の「正札売り」八六%、「陳列売り」六三%を上回る数値であり、心斎橋筋は大阪きっての近代的な商店街であったと考えられる。

また心斎橋筋には、一九〇四年に設立された心勇会(七八店)、一九二五年に設立された心友会

（六〇店）、一九二八年に設立された心北会（七五店）という三つの商店会があり、これらに戎橋商店街を合わせた心斎橋筋戎橋筋連合会も組織されていた。各商店会は催事（売り出し）の運営のみならず、陳列方法の統制（ショーウインドー、特価台）、街燈（あやめ燈やネオン燈）、盛り場門、辻燈、そして「共同日覆い」を設営するなど、個別の商店を「商店街」に纏め上げる活動に積極的に取り組んでいたのである。

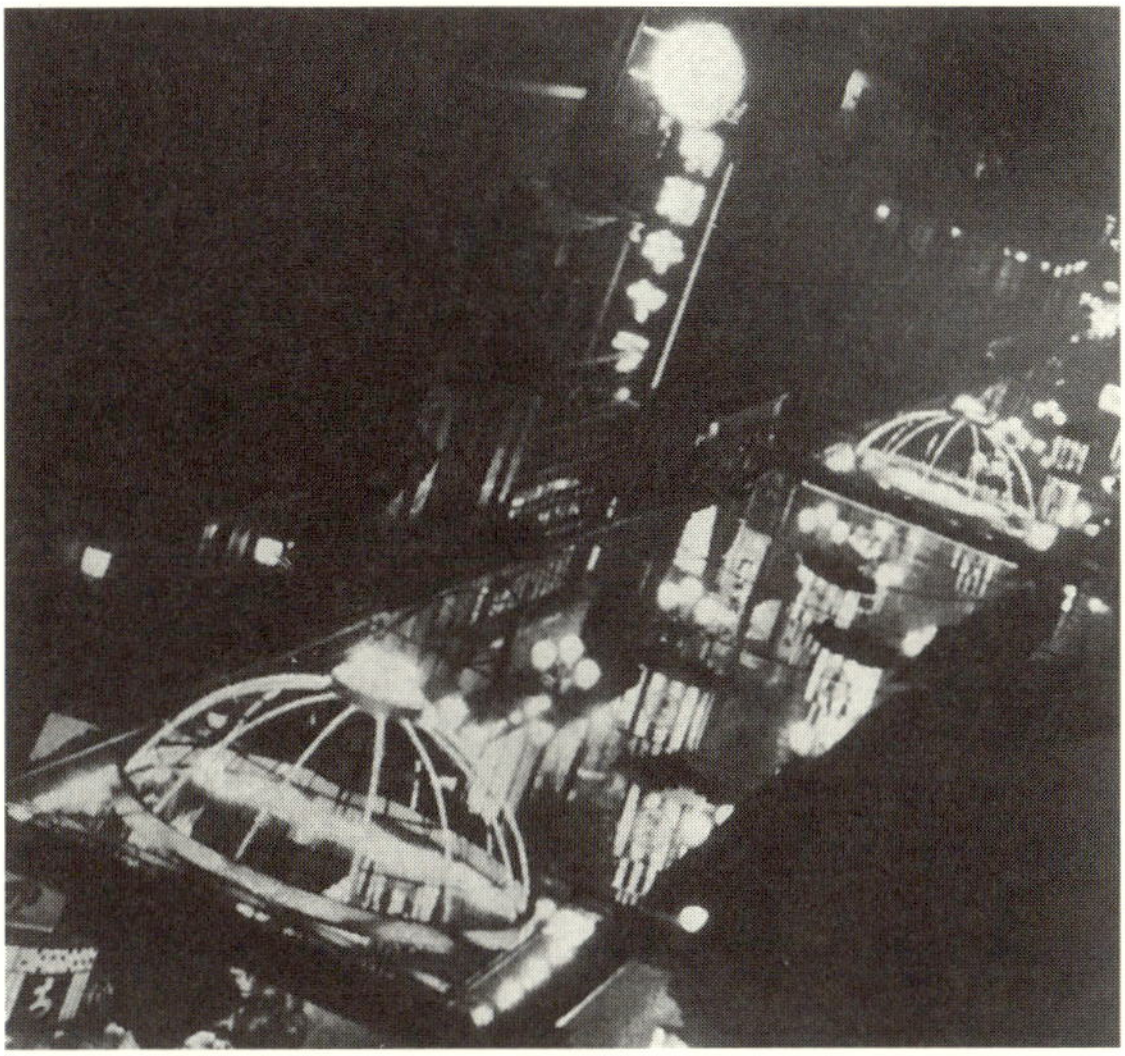

図27　心斎橋筋の夜，昭和初期の写真

　とくに、「辻燈」や「あやめ燈」など、商店街の夜の演出には力が注がれていた（図27）。というのも、「この町では、午後九時頃から殆ど一、二時間のお客様が可なり大事だ」[1]と指摘されるように、当時の閉店時間は午後一一時で、まさしくこの時間帯が、ネオンに演出された「心ブラ」の盛時だったのである。

「商店街盛り場」

内務省都市計画東京地方委員会の技師で、日本の都市計画に多大な影響をおよぼしたことで知られる石川栄耀は、商店街の変容を独自の観点から説明する[(2)]。

御承知の様に現代人は昔しの人と違って、全体的に時間を有たない。ユックリしたノンキな時間がない。……従って昔しの様な前の晩から船に乗って芝居見物に来ると云ふ様な有閑的な悠長な慰楽が困難になっている。次に大衆の慰楽に対する要求は、一日の生活が機械的であり分化的であり無味乾燥であり且、大体に於て室内生活が長い。且、各自の家庭も種々な理由で猫の額の様な処しかなくて空地に乏しい。その結果は何か、人間的な、戸外的な、散歩的なものを欲する様になって来ました。

昼間の「機械的・分化的・無味乾燥」な生活に対する反動として、「人間的な、戸外的な、散歩的なものを欲する様にな」ると同時に、「時間と金のない」都市大衆にとって「勢ひ商店街が最も望まれて慰楽対象になっ」たというのである。こうした「慰楽対象」としての商店街を、石川は「商店街盛り場」と呼ぶ。それは「お互に慰楽状態にある群衆がその群衆感情を味ふ為」の空間的な装置であり、また「明るく賑かに且欲しいものを眺めて歩ける遊歩地」であった。

図28　心斎橋筋を歩く人びと，昭和初期の写真

「現代盛り場は先づ商店街として確立し、然る後、その上に盛り場と云ふ光沢を出すのです」。

ここでの石川の議論は、商店街と人びとの行為との相互関係を重視している。つまり、図式的に説明すると以下のようになるだろう。

商店建築の変化、ならびにそれにともなう商店街の成立は、歩きながら陳列商品をひとまず「素見」して、それから「購買」するという新しいタイプの買い物行動（ショッピング）を生み出した。この「素見」は、ショーウインドーや看板建築の導入、さらには「鈴蘭燈」、「盛り場門」、「辻燈」の設置を促進し、商店街はますます「盛り場と云ふ光沢を出す」にいたる。そして、この盛り場化した商店街、すなわち「商店街盛り場」は、「素見」という行為を「遊歩」というひとつのふるまいとして定着させる舞台にもなったのである。

たとえば、「橋筋を女の物を見て通り」という一九二〇年代中ごろの川柳——作者は男性、「橋筋」は戎橋筋——には、男であっても陳列された女物の商品を見ながら歩くという戎橋筋商店街の風景が詠まれている。「素見」から「遊歩」へ。一九二〇年代後半には、都市空間の消費者として、いよいよ遊歩者たちが登場してくるのであるが、彼らの登場を見る前に、「南」の中心に位置する盛り場「道頓堀」の変容も垣間見ておくことにしよう。

3　盛り場の変容

映画館の隆盛

千日前と道頓堀が近代大阪の代表的な盛り場であることは論をまたない。両者は道頓堀川の南側でT字型に接しているが、画然とした相違があった。第五章で明らかにしたように、千日前が維新後に近世以来展開していた悪所的要素を一手に引き込むことで創出された盛り場であるのに対して、道頓堀は近世以来の伝統を誇る芝居街であったからである(図29)。道頓堀もその成立当初から近世都市大坂の悪所であったことにはちがいないが、千日前の成立によって場所性は純化され、伝統を全面的に押し出すかたちで、純然たる芝居街として高級化されたのであ

図29　大正初期の道頓堀

右は中座，左側には芝居茶屋が並ぶ

図30　昭和初期の道頓堀朝日座

活動写真の常設館らしい洋風建築

る。

明治中期から大正期には、伝統的な芸能を誇る道頓堀に対して、千日前は新興の盛り場として気軽に楽しめる雰囲気を売り物にしていた。だが、活動写真の流行はこのふたつの盛り場に新しい局面をもたらす。

一九〇〇年前後から、まず千日前へ活動写真が進出し、一九一二年に千日前を襲った「南の大火」をきっかけとして、ますます映画の常設館が集中立地するようになる。「伝統／新興」という図式は、一九二〇年前後までに「芝居なら道頓堀」、「活動写真なら千日前」というイメージに置き換えられるが、千日前が「映画街」としての地位をますます確立していったことで、「芝居王国の殿堂」として歴史をほこる道頓堀までもが、映画の街へと移行せざるをえなくなった。時期は前後するが一九〇八年頃に弁天座が映画の「常設館」に衣替えし、一九三〇年には朝日座が「チョコレットの箱」のように改築される[3]（図30）。一九二三年には、浪花座の西側に松竹座が建設された。こうして、一九二〇年代後半の道頓堀は、芝居街としてのイメージが後退し、千日前とともに「映画街」としてのイメージが定着してゆくことになったのである[4]。「芝居茶屋」の衰退をともなう道頓堀の映画街への変貌は、「伝統的芝居街」という歴史的な場所性を解体したばかりでなく、カフェー進出の下地をつくったという点においても注目しておきたい。

図31　カフェー「パウリスタ」，大正初年ごろの写真

開花するカフェー文化

日本におけるカフェーと喫茶店はもともと明確な区別はなく、女給を配してコーヒーやアルコール類を飲ませ、インテリ層が集まるサロン的な雰囲気の場であった。東京では関東大震災後にカフェーの内容が分化する。つまり、女給の濃密なサーヴィス、ジャズ、ダンスホールを売り物にする、従来の花街を圧迫するようなカフェーが成立し、同時に当初のサロン文化を失い、明智小五郎のような「高等遊民」たちが消費する、大衆的な空間としての喫茶店が成立したのである。[5]

道頓堀では、まず一九一一年に戎橋のたもとに「ナンバ」が、そして中座の横に「ブラジル」ができる。一九一二年にはその筋向いに「旗の酒場」(キャバレーヅパノンの前身)ができ、一九一三年には浪花座隣に「パウリスタ」(図31)が、一九一四年には朝日座の東に「サンライス」が開店した。「芝居

図32　昭和12年ごろの道頓堀の夜景

茶屋」の跡地への進出だったのだろうか。いわばこの時期が「カフェー氾濫時代」の幕開けにあたるが、サーヴィス内容はおとなしいもので、「高等遊民」たちが夜を徹して語らう場であった。一九一九年頃に楽天地横にできた「ユニオン」が、はじめてウェートレスの服装を白エプロンから各自の名前をつけた赤色の前掛に変えたことで、過剰なサーヴィス、つまり酒を置き、女給を侍らせる形態へとエスカレートしてゆく。もっとも、当時は「女給」という言葉はなく、「女ボーイ」などと呼ばれていたのであるが。

　こうしてカフェーが烈火のごとく道頓堀をおおいつくし、「赤い灯、青い灯、道頓堀の、川面にあつまる恋の灯に、なんでカフェーが忘られよか」（日比繁治郎作詞『道頓堀行進曲』）と世に唱われる時代が到来する（図32）。ネオンが夜空をこがし、雑踏の喧噪にリズムをそえるジャズ。迎えるは「耳かくしに白エプロン」の女給たち。[6] 戎橋から眺めれば、「銀座会館の屋上に電飾のギヤが目まぐるしく回転して、ネオンやスカイサインの点滅、ユニオン美人座の電飾が不断の仕掛花火のように輝いて水面に反映し」ていた。日比繁治郎によると、一九二七～二八年にかけてが「大カフェー進出時代」であったという。[7]

以上のように、道頓堀の一九二〇年代は、「大小数十にあまるカフェーの進出に」よって「従来の芝居町としての盛り場の雰囲気」に「一段の近代味」が加わった。[8] この「近代味」によって道頓堀は「種々雑多な、統一のない、不見識なインチキな町」となってしまい、「凡そ道頓堀ほど、出たらめな建築物の並ぶところはな」かったのである。[9]

『上方』（第二二号）で「千日前今昔号」（本書第五章を参照）につづいて「道頓堀の変遷」を特集した南木芳太郎によるつぎのような巻頭言は、彼らが目の当たりにしたであろう盛り場「道頓堀」の変容を物語っている。[10]

道頓堀川が開削されてより三百年、南岸は芝居街として発達し、歌舞伎と操りとか時代によって一盛一衰の華やかなる歴史を繰返して来た。其後操浄瑠璃は土地を離れて、歌舞伎王国となってからも久しい。だが時代は進んで、道頓堀には今や伝統を誇った歌舞伎劇の影は薄められ、映画に新劇に笑劇に好趣は大衆化して行く。一時殆ど町を埋めた芝居茶屋も同じ運命に陥り、飲食店にカフェーに軒並を蠶食されて来た。道頓堀川の水にも濁りを増している。今後の道頓堀がどう変化するか知らず、ただ過去を偲ぶ料としてこの号を編む。

4 消費される都市空間

遊歩者たちの足どり

「先づ素見、而して購買」という遊歩の初期段階がひとつのふるまいとして定着し、いわゆる「銀ブラ」の登場によって、通りや商店街の名を冠した「〜ブラ」と呼ばれる遊歩が全国に広まっていった。そして大阪の歓楽街にも民衆のぶらぶら歩きがはじまる。「銀座の『銀ブラ』に対して、すぐ心斎橋の『心ブラ』が称へられ、道頓堀の『道ブラ』が直ちに道ブラ人の間に呼応された」[11]。そして、「心ブラ／道ブラ／千ブラ」と遊歩の呼称に合わせて、遊歩者たちの足どりは、それぞれ独特の軌跡を描き出していた。

たとえば、心斎橋筋の場合[12]。

世にいふ《心ぶら》とは……その一丁目及び二丁目がもつところの、凡そ七百メートルほどの小売商店街を覗きながら歩くことをいふのである。しかし、何と云っても、心斎橋の魅力といふものは、このうち二丁目が、その代表的な明朗さをもってゐることにすぐ気がつく。……心ぶらを北するものよ。大丸百貨店の角まで来たら、惜気もなく廻れ右をして引返し給へ。

「千ブラ」から「道ブラ」へ。日本橋は「電車の通路となってゐるために情趣を欠」き、太左衛門橋と相合橋も「南は大衆的な千日前に続いてはゐるが、北は大衆的ならぬ宗右衛門町に連なってゐるために、散歩者を引く力を持ってゐない」(13)。したがって、遊歩者は「千日前の歌舞伎座、法善寺前を経て……北上して来たとしても、太左衛門橋を渡らずに、道頓堀を西へ折れて戎橋へ外れて」ゆき、「戎橋で南北に分れる」ので、「最も交通の焦点となって来たところは、戎橋通りと、千日前に出る電車道との交差点」となった(14)。

「千日前」そして「道頓堀」の場所感覚は、「千ブラ」と「道ブラ」という遊歩によって創り出されている。つまり、「橋一つ、道一つ跨ぐと、世界は忽ち一変する」のだ(15)。たとえば、「日本橋の側から、道頓堀の通にはいって行き、弁天座・朝日座・角座の前を過ぎたところに、左へ折れる町角がある。その町角を左へ折れたとたんに、そこから南へ一筋に、むかしは仕置場であったという千日前の盛り場がはじまる。……今まで道頓堀を歩いていた同じ人間が、一たび辻を南へ折れて千日前の通りを歩き出すと、とたんに人が変ったように、どこか顔の相までが変って」見えたのである(16)。

遊歩者たちの語り

モダンな様相を呈していた盛り場を埋めつくした民衆は、新しい場所の感覚をはぐくみつつ、「盛り場」＝消費の空間をめぐる新たな物語をつむぎはじめる。遊歩の舞台としての道頓堀を、村島歸之はつぎのように描写した。(17)

道頓堀界隈の美……。絃歌さざめく宗右衛門町は川を隔てた向い側の道頓堀、浜側のカフェーから水面に投げる近代的のまばゆい灯影とその向うから背伸びして此方を覗いている芝居小屋の高い櫓によって、一層美観を添えるであろうし、反対に道頓堀側の眺めは、対岸宗右衛門町に蜂の巣の横断面のように見える茶屋の明るい小間の一つ一つから落とす艶なる灯影によって、一層その彩を添えているのを見る。さらに橋畔に立つ広告燈のイルミネーションは、その電光が赤から青、青から白と変るたびに、水面に色とりどりの友禅模様を描き出して、盛り場の情趣を一層引立てるのだ。

「盛り場の情趣」を引き立てるカフェーの電飾。日比繁治郎もまた、カフェーが「厳然伝統を誇る五つの櫓と松竹座を加える六個の劇場」に対して「強烈なる電飾とジャズの狂燥曲を浴びせかけ」、「ジャズやエロチックダンスの余興で濃厚な色彩を発揮して外国にも稀な異色ある歓楽境」と化したさまを指して、「エロとグロの本場は、なんと云っても、わが、どうとんぼりでなければならない」と嬉々として語っている。「目の色彩、耳の聴音、鼻の嗅覚、而しも、それが異様複雑な交響楽を奏でて通り行く人々の心を慰める」道頓堀は、日比にとって遊歩（道ブラ）の最高の舞台であった。そして、「道頓堀逍遥の特殊の味はひ」を愉しむ日比は、典型的なフラヌール（遊民）と言えるだろう。

ところで、かつてヴァルター・ベンヤミンは「遊歩の弁証法」についてつぎのように述べたことがある。「一方では、この男は、誰からも注目されていると感じていて、まさにいかがわしさそのもの。他方では、まったく人目に触れない、隠れこもった存在。おそらくは『群衆のこの男』が繰り広げているのはこの弁証法なのであろう(18)」と。一九二〇年代中頃、日比繁治郎とすれ違わんばかりに、道頓堀を行き来する群衆にまぎれこんだ人物がいた。しかし、彼は「遊歩の弁証法」を繰り広げることもなく、ただもの思いにふけっていたようである。

もう二十年の昔の事を、どういう風に思い出したらよいかわからないのであるが、僕の乱脈な放浪時代の或る冬の夜、大阪の道頓堀をうろついていた時、突然、このト短調シンフォニイの有名なテエマが頭の中で鳴ったのである。僕がその時、何を考えていたか忘れた。いずれ人生だとか文学だとか絶望だとか孤独だとか、そういう自分でもよく意味のわからぬやくざな言葉で頭を一杯にして、犬の様にうろついていたのだろう。ともかく、それは、自分で想像してみたとはどうしても思えなかった。街の雑踏の中を歩く、静まり返った僕の頭の中で、誰かがはっきりと演奏したかの様に鳴った。僕は、脳味噌に手術を受けた様に驚き、感動で慄えた。百貨店に駆け込み、レコオドを聞いたが、もはや感動は還って来なかった。

一九二〇年代の「乱脈な放浪時代の或る冬の夜」、街の雑踏の中を歩きながらモーツァルトのト短調シンフォニーを聴いたのは、あの小林秀雄である(19)。当時の道頓堀を、小林はつぎのように痛々しく回想した。

丁度その頃は、大阪の街は、ネオンサインとジャズとで充満し、低劣な流行小歌は、電波の様に夜空を走り、放浪児の若い肉体の弱点という弱点を刺激して、僕は断腸の想いがしていたのである。

日比が愛してやまない、ネオンサインやジャズに代表される「電飾と雑音の交響楽」のあふれる都市空間。こうした「複製技術時代」の文化で満たされた空間になじめない小林は、まるでそこから逃げ出すように「歴史」としての「モオツァルト」を志向している。

「路地」の発見

さらにもう一人の人物の語りにも注目してみよう。日比や小林の目にした表通りの光に象徴されるモダンな都市景観とのコントラストにおいて路地や横丁が魅力ある場所として意識されるようになったとするならば、[20]「路地」という空間を「発見」した人物のひとりとして織田作之助をあげることができるだろう。周知のように、織田作の文学の出発点には、上汐町の地蔵路地や河童《がたろ》路地などの都市下層の生活世界があったわけだが、むしろここで注目したいのは、法善寺界隈や雁治郎横丁に対する彼のまなざしである。

法善寺横丁、言わずもがな、押しも押されもせぬ大阪の横丁の代表格である。歴史的にみると、境内を含むこの界隈が親しまれるようになったのは、一九三九（昭和一四）年に発表された長谷川幸延の小説「法善寺横町」をきっかけとしてのことであるとか、[21]あるいはもっと踏み込んで小説「法善寺横町」が法善寺の境内地を最初に「法善寺横丁《ママ》」と呼んだ、[22]と論じられているが、この場所が独特の界隈として、そして「横丁」として「発見」されたのはもう少し早かったようだ。

第五章で盛り場の観察者として紹介した村島歸之は、道頓堀と千日前の「中間にあって一種独特の雰囲気を醸し出しているのは『法善寺裏』で、二軒の寄席——花月と紅梅亭——と十四軒の飲食店が狭い路地内に櫛比しているのだ」とすでに一九三一年に指摘していた。[23]つづいて、漫歩者・北尾鐐之助も、『近代大阪』（一九三二年）の「千日前逍遥記」のなかで、村島が「法善寺裏」として記述した「法善寺横町」をつぎのように描いている。[24]

二間とはない細い路次の両側は、殆ど飲食店。敷きつめた石畳みは、いつも水に濡れて光ってゐる。だからこの路次に生活してゐるすべての人たちは、みな前皮のかゝった高下駄を穿いて、すさまじい響きをあげながら動いてゐる。

北尾は「法善寺横町」を「飲食街」ないしは「食傷街」として見いだしたのである。そして、北尾の「法善寺横町」の描写にインスパイアーされた人物こそ、他ならぬ織田作であった。[25]

この法善寺にも食物屋はある。いや、あるどころではない、法善寺全体が飲食店である。俗に法善寺横町とよばれる、三人も並んで歩けないくらいの細い路次の両側は、殆ど軒並みに飲食店だ。その中に一軒半えり屋が交っているのも妙だが、この路次の石畳は年中濡れており、路次に生活するひとびとは、殆ど高下駄をはいている。

「大阪の顔」と題された随筆のなかで織田作はこのように、北尾の影響を露わにしながら「法善寺横町」を素描している。ちなみに、「大阪発見」という随筆にも同じ文章がみられるが、[26]そこでは「俗に法善寺横丁とよばれる路地は、まさに食道である。三人も並んで歩けないほどの細い路地の両側は、殆ど軒並みに飲食店だ」と、「横丁」をもちいていた。

織田作にはもうひとつの横丁、「歌舞伎座の裏手の自由軒の横に雁次郎横丁という路地がありま す」[27]、「雁次郎横丁は千日前歌舞伎座横の食物路地である……」[28]などとたびたび言及して愛着を示していた「雁次郎横丁」がある。[29]

雁次郎横丁――今はもう跡形もなく焼けてしまっているが、そしてそれだけに一層愛惜を感じ詳しく書きたい気もするのだが、雁次郎横丁は千日前の歌舞伎座の南横を西へはいった五六軒目の南側にある玉突屋の横をはいった細長い路地である。突き当って右へ折れると、ポン引と易者と寿司屋で有名な精華学校裏の通りへ出るし、左へ折れてくねくね曲って行くと、難波から千日前に通ずる南海通りの漫才小屋の表へ出るというややこしい路地である。この路地をなぜ雁次郎横丁と呼ぶのか、成駒屋の雁次郎とどんなゆかりがあるのか、私は知らないが、併し寿司屋や天婦羅屋や河豚料理屋の赤い大提灯がぶら下った間に、ふと忘れられたように格子のはまったしもた家があったり、地蔵や稲荷の蠟燭の火が揺れたりしているこの横丁は、いかにも大阪の盛り場にある路地らしく、法善寺横丁の艶めいた華かさはなくとも、何かしみじみした大阪の情緒が薄暗く薄汚くごちゃごちゃ漂うていて、雁次郎横丁という呼び名がまるで似合わないわけでもない。ポン引が徘徊して酔漢の袖を引いているのも、ほかの路地には見当らない風景だ。私はこの横丁へ来て、料理屋の間にはさまった間口の狭い格子づくりのしもた家の前を通るたびに、よしんば酔漢のわめき声や女の嬌声や汚いゲロや立小便に悩まされても、一度はこんな家に住んでみたいと思うのであった。

織田作の「法善寺横丁」の記述はあからさまに北尾をパラフレーズしていたが、この「雁次郎横丁」を描く彼の筆は冴え渡っている。だが、雁次郎横丁や法善寺界隈——とくに後者——が、たんなる「路地」として舞台化されていたわけではない。というのも、織田作にとって法善寺横丁とは、「もっとも大阪的なところ」、あるいは「大阪の顔」として「大阪的」なものを表象＝代表する空間として「発見」していたからである。この「発見」という言葉は、旧来の縁日的な名所としてではなく、それを路地空間として認識したという意味で文化コードの変容を示している。これは、村島歸之や北尾鐐之助とは異なるまなざしと言えるだろう。おそらくこの背景には、路地空間のなかに「大阪の伝統」という歴史性を敏感に嗅ぎとる織田作の感性があったにちがいない。

近代大阪を象徴する都市景観、日比のいう「強烈なる電飾とジャズの狂燥曲を浴びせかけ」る道頓堀、織田作自身が目の当たりにした「心斎橋筋の光の洪水[30]」が、彼をして「大阪的」なものとしての「路地」を「発見」せしめたのかもしれない。

その都会的な光の洪水に飽いた時、大阪人が再び戻って来るのは、法善寺だ。[31]

5　遊歩のテクノロジー

一九二〇年代の盛り場や商店街を舞台に描き出された民衆の足どり、そしてそこからつむぎ出された語りを、都市空間とのかかわりから探究してきた。遊歩する民衆は、都市空間の断片とでもいうべき盛り場や商店街に対する集合的な場所感覚をはぐくみながら、同時にそういった集合性からはつねにずれてゆくような新しい空間性を創出していた。本章で例にとった一九二〇年代の盛り場・商店街を闊歩した民衆の足どりは、まさにみずからの身体を起点として社会と空間の関わりを媒介するなかで、新しい文化を創造していたのである。冒頭で述べたように、このプロセスを文化的な空間化と呼ぶことができるだろう。

しかしながら、語りの位置や文脈の相違によって空間の相貌が多様性を帯びるものの、いくつかの問題も浮かび上がってくる。たとえば、語り手である「高等遊民」という形象がつねに男性／中産階級／知識人／日本人であったことは、公共空間へのアクセスや表象システムに介在する可能性がつねに不均等で非対称的なものであり、彼らの語りが表象する空間がつねにジェンダー化／階層化／人種化されていることを示している。当時の都市社会の空間性がけっして単一の言説空間を構築していたわけではないことに留意し、対立的な言説の空間を生産する実践を探ってゆく必要があるだろう。今後の課題としなければならない。
ここで、最後にもう一人の遊歩者の語りに耳を傾けてみたい[32]。

こんな街の遊歩術としては、自殺を思ひながら、狂死を思ひながら、歩くのに限る。一度、試みて見給へ。見落してゐた、忘れてゐた、現実の生ま生ましい風景の底辺を感ずるに相違ないから。

この人物、近藤孝の「遊歩術」によって、都市の相貌は一変する。

人間が氾濫する。電車が傾く。バスが滑べる。フオードが、シボレーが、ナツシユが、クライスラーが、溢れる、拡がる、自転車がよろける。が、人力車は見えない。砂塵を吸ふ商店と商店。貧困する商品と商品。高級品は泣いてゐる。ちつとも動かない。が、見給へ。街角に高々と聳ゆる?銀行を。銀行のコンクリートはびくともしないつめたい、金融資本家的冷然性を孕んでゐる。鋼鉄製金庫は涼しい顔をしてゐるに違ひない。
——その難波駅前。こゝは又何んと言ふ田舎的都会風景である事よ。疲れた街である。萎びてゐる。汚ない。が、こゝはいつも動いてゐる。流れてゐる。静より動へ。午前の流動。正午の流動。夜の流動。

生活の朗らかな、しかし葬礼のやうなビッグ、パレエトするビッグ、パレエト。みな色調と音調が変化する。
こゝは正しく七面鳥になつた街である。七面鳥は道化役者。おどけて悲しみ、悲しんで微笑する。
午前は――。駅前に氾濫するサラリーメンが思想的におどける。デパアト・ガアルは生活的に悲しみながらも、なほ、虚栄心におどける。
正午は――。重役たちは女を漁りながら、資本家的におどける。有閑夫人は逞しい若き燕と、性的におどける。
夜は――。自動車の運転手が軌道の上で速力におどける。二哩五十銭。スピードのラチヨナリジールング。走る、走る、走つたれ、走らにや損ぢや。で、罰金、衝突。……バスの運転手と女車掌は非合法的におどける。……世は挙げておどけ時代。七面鳥時代。その風景の一つとして。

都市を歩くこと。それは、われわれが自己の地理的想像力によりながら、新たな都市の空間性を、そして新たな主体性を想像／創造することにもつながるのではないだろうか。かつて、ミシェル・フーコーは、ヴァルター・ベンヤミンの遊歩論に言及するなかで、このことを「生存の美学」（つまり自己のテクノロジー）という言葉で説明したことがある。ある意味でこの人物は、資本主義的な都市空間を批判的なまなざしの先にしっかりと据えることのできる「遊歩のテクノロジー」を確立していたのかもしれない。

注

1 北尾鐐之助『近代大阪』創元社、一九八九年（原著は一九三二年）、三一六頁。
2 石川栄耀『「商店街盛場」の研究及其指導要綱』商工省商務局、一九三五年、六—四一頁。
3 日比繁治郎「どうとんぼり 昭和新風景」『上方』第二号、一九三一年、八二—八六頁。
4 村島歸之「映画街としての道頓堀・千日前」『大大阪』第七巻第一号、一九三一年、七四—八〇頁。
5 松山巖『乱歩と東京 一九二〇 都市の貌』ちくま学芸文庫、一九九四年。
6 三田純一「道頓堀雑話」（南博編『近代庶民生活誌② 盛り場・裏町』三一書房、一九八四年）四二六—四二九頁。
7 日比繁治郎『道頓堀通』（南博編『近代庶民生活誌② 盛り場・裏町』三一書房、一九八四年（原著は一九二九年））。
8 しかしながら、華やかな道頓堀にも「転機」が訪れる。それは、「青い灯赤い灯もすぐ消せる」と豪語して「カフェー征伐」に乗り出した大阪商工会議所、内務省の保安課、大阪府警が一九二九年一〇月二〇日から実施した「カフェー取締令」によるものであった（『大阪朝日新聞』昭和四年七月二四日）。北尾鐐之助が「カフェの看板戦が華やかであった頃の風景は、いまの道頓堀ではまったくみられなくなってしまった」と述べるように（前掲、北尾『近代大阪』二八五頁）、道頓堀に花開いたカフェー文化は一気に萎んでいったのである。
9 前掲、北尾『近代大阪』二八七頁。
10 南木芳太郎「道頓堀の変遷」『上方』第二二号、一九三二年、一頁。
11 前掲、日比『道頓堀通』。
12 前掲、北尾『近代大阪』三一三頁、三一七頁。
13 村島歸之「心ブラ人口調査」『大大阪』第六巻第一一号、一九三一年、九六頁。
14 前掲、北尾『近代大阪』二九四—二九五頁。

15　村島歸之「民衆娯楽の王城『千日前』」『大大阪』第七巻第七号、一九三一年、一四一－一四二頁。
16　藤沢桓夫『私の大阪』創元社、一九八二年、一六五－一六六頁。また北尾鐐之助は、「千日前という漠然たる呼び方」は、「道頓堀筋から南に折れて、歌舞伎座前の電車道を踏切らせ、難波の南海ビル辺りまで漠然と歩かせている」と記していた（前掲、北尾『近代大阪』二九六頁）。
17　前掲、村島「心ブラ人口調査」九六頁。
18　ヴァルター・ベンヤミン『パサージュ論Ⅲ　都市の遊歩者』岩波書店、一九九四年。
19　小林秀雄「モオツァルト」『モオツァルト・無常という事』新潮文庫、一九六一年。
20　海野弘『モダン・シティふたたび――一九二〇年代の大阪へ』創元社、一九八七年。
21　大阪都市環境会議編『大阪盛り場図鑑』創元社、一九八五年。
22　サントリー不易流行研究所『店がつくる界隈――法善寺横丁の研究』サントリー株式会社不易流行研究所、一九九五年。
23　前掲、村島「民衆娯楽の王城『千日前』」一四二頁。
24　前掲、北尾『近代大阪』三〇二頁。
25　織田作之助「大阪の顔」（『定本　織田作之助全集　第八巻』文泉堂出版、一九七六年）二九三頁。
26　織田作之助「大阪発見」（『定本　織田作之助全集　第八巻』文泉堂出版、一九七六年）二三九頁。
27　織田作之助「アド・バルーン」（『定本　織田作之助全集　第五巻』文泉堂出版、一九七六年）三一六頁。
28　前掲、織田「大阪発見」二三六頁。
29　織田作之助「世相」（『定本　織田作之助全集　第五巻』文泉堂出版、一九七六年）三五〇頁。
30　前掲、織田「大阪発見」二三九頁。
31　前掲、織田「大阪発見」二三九頁。
32　近藤孝「難波駅前－戎橋」『大大阪』第六巻第八号、一九三一年、一〇一－一〇四頁。

あとがき

本書は、わたしが大学院生時代に書いた文章をまとめたものである。

大阪とはなんの所縁もなかったわたしが、この地にはじめて訪れたのは一九九三年六月のことであった。当時、富山大学人文学部の人文地理学教室の三回生であったわたしは、教室の仲間とともに水内俊雄先生の指導のもと、大阪のインナーシティを巡検したのである。この巡検では共通するテーマが設定されておらず、「釜ヶ崎」の日雇労働者、てんのじ村の芸人、新世界の映画館など本書とも密接に関連するテーマに取り組むものもいれば、木賃アパートの密集地区、戦前に開発された郊外住宅地や長屋地区を調査するものなど、各自の関心はばらばらであったが、いずれも「場所」の歴史地理的ないしは文化社会的な種別性にこだわっていたという点では、かろうじて共通性があったように思う。最初の巡検を皮切りに、翌一九九四年にかけて数回にわたり大阪を探訪するなかで、本書の第五章～第七章の原型ができあがった。本書においてインプリシットに展開した「場所の系譜学」という考え方も、この一連の巡検において構想されたものである。

その後、さいわいにも大阪市立大学大学院文学研究科で学ぶ機会を得て、大阪の都市形成についていっそう関心を持つようになった。なによりも幸運であったのは、市史に関係する公的な機関の史料閲覧が大学院生に対して厳しく制限されるなかで、大阪市立大学学術情報総合センターの史料を使用することができたことである。なかでも、市大の前身にあたる大阪商科大学を設立した関一の所蔵していた図書や資料を一括して収めた「関文庫」は、本書の各章を執筆する上で欠くことのできない書庫となった。『不良住宅ニ関スル資料』は、すでに多くの研究者によって利用されているにもかかわらず、本書で取り上げた名護町や千日前、そしてとくに「釜ヶ崎」に関する記述など、資料として未使用の部分も少なくない。そういった意味で、本書の第三章などは、「関文庫」の諸資料を読み直すことで生まれた成果である。

やはり同センターの所蔵する『食料品市場調』もまた、管見のかぎりではこれまで使用されたことはなかったが、第四章で論じたように、著名な黒門市場の成立に関する定説を覆す資料を含んでいるという点で貴重であるし、今後、大阪における近代市場史研究には不可欠になると思われる。

さらに、同センターには明治一〇年代以降の『(大阪)朝日新聞』が所蔵されている。新聞は資料としての価値が低くみられがちであるが、第二章で指摘した一八九一年の名護町の「取り払い」など、当時の新聞報道を通じて知りえた事実であり、本書ではその他の各章でも積極的に利用することにした。とはいえ、この第二章にも密接に関連する近年の都市史のすぐれた成果(たとえば、佐賀朝「近代巨大都市の社会構造――明治期大阪の都市内地域」『都市社会史』山川出版社、二〇〇一年）では、もととなった既発表の論文への言及は一切なく、やはり新聞記事のみを資料としたことが問題視されているのかもしれない。もちろん、新しい資料の発掘は重要である。そして、既存の資料の読み直しをつうじて新しい解釈も可能となるだろう。こうした実践をつうじて、今後とも、場所の「系譜」に加筆、修正する作業はつづけてゆきたいと思う。

本書の内容は、いずれも既に発表した論文にもとづいて書かれている。もとになった論文は、つぎのとおりである。

第一章　大阪における近代都市計画の胎動（『流通科学大学論集―人文・自然編』第一三巻第一号　二〇〇〇年）

第二章　明治中期の大都市における地区改良計画とその帰結（『歴史地理学』四一巻第三号　一九九九年）

第三章　木賃宿街「釜ヶ崎」の成立とその背景（『空間・社会・地理思想』第六号　二〇〇一年）

第四章　黒門市場の成立事情（『大阪春秋』第九九号　二〇〇〇年）

第五章　盛り場「千日前」の系譜（『地理科学』第五二巻第二号　一九九七年）

第六章　戦前・大都市近郊の土地開発にみる場所の創出と景観（『人文論叢』第二六巻　一九九七年）

第七章　一九二〇年代の商店街・盛り場の位相（『人文論叢』第二五巻　一九九六年）

また、本書は、大阪市立大学に提出した博士論文『近代都市における「場所」の文化ポリティクス』（二〇〇〇年三月）の事例編とでもいうべき性格を有している。博士論文では一九八〇年代後半に英語圏の人文地理学で起こったポストモダン的転回を契機として提出された「場所の文化政治学」という観点を採用している。「場所の文化政治学」とは、場所の再現＝表象《リプレゼンテーション》を、構造的な社会的不平等との関係において理解されるべき文化的実践と位置づけ、それがまた必然的にイデオロギーの問題であることを指摘し（イデオロギーは、支配的な社会集団による意味の領有を指し示し、この言説上の自然化のプロセスがその抑圧的な社会的関係を隠蔽することによって社会的ヒエラルキーを正当化する）、再現＝表象の実践を権力関係との関連から問うという観点である。そして、本書で取り上げた場所を事例として、そこに付与され構築された社会的意味（表象）と物質的状況（人文地理）、ならびに創出のプロセスに孕まれる権力／空間性の構制を明らかにした。

本書ではこうした理論に関する議論をできるかぎり省略し、場所の「系譜」を記述することに重点をおいた。ただし対象地域にまったく異同はないので、この点で事例編ということができる。日本の近代都市における場所の文化政治学については、稿をあらためて論じることにしたい。

本書をまとめるにあたり、実に多くの人びとにお世話になった。大阪市立大学文学部地理学教室の山野正彦先生、水内俊雄先生をはじめとする諸先生方にはもとになった論文の執筆に際してご指導いただいた。山野先生の新しい文化地理学に関する概論は、本書を執筆する上でたいへん参考になった。また、水内先生、そして大学院でわたしと同期の花野孝史さんには図を作成していただいた。神戸大学文学部の大城直樹さんには、研究室の内外を問わず、いつもわたしの学究心を刺激していただいている。改めて御礼を申し上げたい。

また、橋爪紳也先生（現・大阪市立大学文学研究科アジア都市文化学教室）とは、偶然にも、そして幸運にも、わたしの学生生活最後の一年間に同じ教室に所属することができ、その後、大阪のまち研究会をはじめとするいくつかの研究会でご指導いただくとともに、大阪に関する論文執筆の機会を数多くいただいている。本書をまとめることを強くすすめてくださったのも橋爪先生であった。本書の第五章には〈橋爪紳也コレクション〉から絵葉書を二枚提供していただいている。記して、深く感謝の意を表したい。

最後に、本書の編集を担当してくださった編集工房レイヴンの原章さん、出版を快諾いただいた創元社にも心より御礼申し上げたい。原さんには、掲載した図版の収集に関して多くの情報をいただいたばかりか、最初の読者として妥協のない適切なご助言をいただいた。原さんのご尽力がなければ、本書が世に出ることはなかっただろう。初めて大阪を訪れたとき、水内先生からガイドブック代わりに渡されたのが創元社から出版（復刻）された北尾鐐之助『近代大阪』であったことを、今ふと思い出した。

二〇〇二年三月

加藤政洋

〔本書の出版にあたって、流通科学大学より出版助成金を受けた。記して、感謝の意を表したい。〕

図版出典・所蔵者一覧（敬称略）

図３　桃山避病院の見取り図：『大阪市立桃山病院100年史』・『大阪朝日新聞』明治18年10月21日をもとに作成
図５　名護町とその周辺：「大阪市中地区町名改正絵図」（1875年），「大阪実測図」（1887年）をもとに作成
図６　大正末期の「釜ヶ崎」の木賃宿：『今宮町志』大阪府西成郡今宮町残務所（1926年）
図７　「釜ヶ崎」周辺の小字：1万分の1地形図「大阪南部」（1921年測図）をもとに作成
図８　第五回内国勧業博覧会会場正面：大阪城天守閣蔵
図９　1910年ごろの「釜ヶ崎」の木賃宿：『大阪朝日新聞』明治43年10月15日　大阪市立大学学術情報総合センター蔵
図10　1908年の地形図：「大阪東南部」（1908年測図）より
図11　1908年以前の「釜ヶ崎」付近：和楽路屋「実地踏測大阪市街全図」（1908年）より
図12　東西の入船町：1万分の1地形図「大阪南部」（1921年測図）をもとに作成
図13　『大阪営業案内』：新和出版社，1975年〔原著は1900年〕
図14　千日前の六地蔵：大阪市史編纂所蔵
図15　「黒門」とも呼ばれた千日前大門：大阪城天守閣蔵
図16　朝日新聞に掲載された千日前の図：『大阪朝日新聞』明治39年10月27日　大阪市立大学学術情報総合センター蔵
図17　墓地としての千日前：『上方』第10号（1931年10月）に加筆修正
図18　明治初期の千日前付近：「大阪市中地区町名改正絵図」（1875年），「大阪実測図」（1887年）をもとに作成
図19　『上方』第10号表紙
図20　千日前の活動写真館：岡本良一編『ふるさとの思い出写真集明治・大正・昭和大阪（上）』国書刊行会，1985年
図21　南の大火の焼失区域：和楽路屋「実地踏測大阪市街全図」（1911年）をもとに作成
図22　楽天地の開業広告：『大阪朝日新聞』大正３年６月30日
図23　楽天地：当時の絵葉書　橋爪紳也蔵
図24　楽天地跡に建てられた歌舞伎座：当時の絵葉書　橋爪紳也蔵
図25　飛田の遊廓免許指定地：当時の絵葉書
図26　昭和初期の飛田遊廓：岡本良一編『ふるさとの思い出写真集明治・大正・昭和大阪（上）』国書刊行会，1985年
図27　心斎橋筋の夜：北尾鐐之助『近代大阪』創元社，1989年〔原著は1932年〕
図28　心斎橋筋を歩く人びと：『大阪市産業大観』，1929年　大阪市立大学学術情報総合センター蔵
図29　大正初期の道頓堀：『大阪府写真帖』，1914年
図30　昭和初期の道頓堀朝日座：大阪城天守閣蔵
図31　カフェー「パウリスタ」：岡本良一編『ふるさとの思い出写真集明治・大正・昭和大阪（上）』国書刊行会，1985年
図32　昭和12年ごろの道頓堀の夜景：『写真で見る大阪市100年』㈶大阪都市協会，1989年